全国教育科学"十一五"规划教育部重点课题
"成人教育共同体建设研究"

汪国新　著

资源的合建与共享

成人教育共同体建设研究

*The Construction and Sharing of Resources:
A Study on the Construction of the Adult
Education Community*

ZHEJIANG UNIVERSITY PRESS
浙江大学出版社

序

　　《国家中长期教育改革和发展规划纲要(2010－2020年)》(以下简称"《纲要》")明确提出:我国今后十年教育改革发展的战略目标是"两基本"、"一进入"。就是基本实现教育现代化,基本形成学习型社会,进入人力资源强国行列。这个目标把建设学习型社会正式作为教育系统一项神圣的使命,全社会都要为之努力,但是其中教育系统要发挥重要的主导作用。《纲要》提出要在2020年前形成体系完备的终身教育体系,即学历教育与非学历教育协调发展,职业教育和普通教育相互沟通,职前教育和职后教育有效衔接,其目标就是使全体人民学有所教,学有所成,学有所用,这是我们根本的出发点和落脚点。

　　终身教育、终身学习的主体应当是成年人,因此,准确把握成人不断增长变化的学习需求是全面落实《纲要》精神的基础。新时期,成人学习需求呈现三个主要特征:一是以职业技能为重点的成人学习需求不断增长。工业化、信息化推动人们不断学习新的技能以适应时代的挑战,民众有了更好的职业技能,才能更好地完成自己所从事的工作,为国家的经济发展作出贡献,也能满足不断改善生活水平的自我需求。二是以提升生活品质为目的的非正规学习需求近年来成为新热点。随着经济社会的发展,老百姓生活水平日益提高,闲暇时间更加充裕,他们期待着更充实、更恬静、更和谐的生活,于是,通过以兴趣为导向的、多样化的学习来改善生活、丰富精神生活就成为老百姓热切的需要。三是老年人的学习热情持续高涨。中国已经迈入了老年社会的门槛,60岁以上人口已经有1.3亿,占全国人口的10%。随着生活水平的提高,60 岁以上、65 岁以上的同志们仍然有着非常健康的身体,希望继续享有 20 年、30 年甚至 40 年的多彩生活。尽管他们有非常丰富的阅历,但他们愿意接受社会教育,全面提升社会适应能力和综合素质,为子女、为下一代作出更多更好的贡献。

然而,面对前所未有的多样化、个性化、品质化成人学习需求,我们做好准备了吗? 总体上看,成人教育与学习资源的总量严重不足,成人教育与学习的服务能力非常有限。在学习需求与资源供给、老百姓对优质资源的强烈渴望与成人教育服务能力低下之间存在突出矛盾的情况下,我们应该怎么办? 我认为,成人教育的潜在资源极其丰富,成人教育的优质资源也广泛存在,目前,我们要做的,就是充分挖掘潜在的成人教育资源,努力做到优质资源的普及与共享。好的教育资源,如果不能被充分利用,它的价值就会丧失许多,所以要推动优质资源的共享。当然,共享不能仅仅依靠良好的愿望,要有相应的机制来保证。要积极探索资源共享机制,解决用什么方式、什么途径和怎么让大家有意愿来共享的问题。

如何破解当前成人教育发展中遇到的困境与难题,如何才能实现成人教育资源的共建与共享,也许成人教育共同体的建设为我们提供了一个可以选择的思路。

我高兴地看到,杭州市已经在成人教育资源共享方面进行了有益的探索。以合建共享为核心理念建设成人教育共同体,在成人教育机构之间和成人教育机构与社会机构之间建立广泛而又深入的合作关系,从而形成一种资源共享的成人学习服务综合网络。

这是一个大胆的假设,更是一个宏伟的蓝图。大胆,体现在敢于提出跨学校、跨地区、跨部门、跨行业的深度开放与密切合作;宏伟,体现在如果建成了各种类型的成人教育共同体,那么就相当于我们为成人学习提供了一张巨大的资源网络,这张网络覆盖面之大远远超出了教育系统的范围,其影响力之大超出了传统意义上教育的范畴。

这是系统思考后形成的成人教育发展的新思路,更是一种探索教育规律的重要的教育实践。合作共建的"一站式"农培基地,围绕成人的学习提供系列化的服务,彰显的是对农民的人性关怀,农民不仅可以获得一般意义上的理论培训,还可以深入到基地获得实践经验;农民不仅可以获得一般意义上的技能鉴定,还可以凭借会员资格在成人教育共同体中持续获得专业指导和咨询服务。"1+N"成人学习综合体的建设,实现了"教育资源的高效整合、学习内容的有机融合、参与者的人气聚合",为农村成人文化技术学校的转型提供了范例。

教育部重点课题"成人教育共同体建设研究——以杭州为例",以提高成人学习品质为宗旨,以解决成人教育中的现实困境和突出问题为起点,经过三年的实践探索,所取得的理论与实践成果,可喜可贺。难能可贵的是,本课题所提出的成人教育共同体的命题及合建共享的成人教育发展策略,为当地政府出台的教育发展规划和教育主管部门制定的五年行动计划所采纳,较好地体现了教育科研的先导性和为政府决策提供咨询的功能。

思想无终点,探索无止境。成人教育共同体的理论架构逐步形成,行动研究已经起步,并取得了一些可喜的成果,我相信其开创性意义,将会在更大范围和更深程度的推广应用中得到体现,但成人教育共同体还是一个新生事物,它的许多细节还有待进一步完善,希望更多的有识之士静下心来去探索、俯下身子去实践,共同推进这项创造性的研究工作,为实现成人教育资源的活化与共享、成人学习品质的全面提升作出更大的贡献。

浙江省教育科学院院长
浙江大学博士生导师

C目录
ONTENTS

第一章

合建共享：科学发展成人教育的重要命题

如何应对我国成人教育的现实困境而实现我们的教育理想？资源的合建与共享是我们理性的选择。建设成人教育共同体是"共享"的实现形式。杭州在此方面的教育实践探索，为实现成人教育的科学发展提供了新的路径。

《汉堡宣言》指出：成人教育不仅仅是一种权利，亦是通往21世纪的关键。事实确是如此，成人教育为解决21世纪的发展难题提供了一条途径，它能使人们学到借以改善目前和未来生活质量的知识、技能与价值观念，对个体的发展、经济的发展和社会的发展至关重要。所有的成人教育与学习的新视点必须以公平性为核心。公平地接受教育和参与学习，是可持续性全纳教育和社会正义的鲜明体现。"将国家资助的学习活动延长到传统学校教育年龄之后，将促进真正的教育平等的实现。"①相对于成人正规教育，成人非正规教育更能体现成人学习的特征，但常常并不为人们所重视。其实，成人非正规教育是一种真正契合人性的教育，它已显示出无穷的魅力和生命力。没有高度发达的非正规成人教育的社会，不是教育公平的社会；不重视非正规成人教育的政府，不是以人为本的政府。因为，只有非正规成人教育的高度发展，才能使"人人皆学、处处可学、时时能学"的学习型社会的理想变为现实，才有更大范围、更深意义上的教育公平。

随着社会的进步和人们生活教育理念的普及，成人教育的需求呈现不断上涨之势。"用工荒"与"就业难"这对有趣的矛盾，在成人教育培训市场出现阶段化井喷的同时，已引发人们对非正规学习的热衷。成人教育机构如何应对现实困境而实现自己的教育理想？资源的合建与共享是我们不二

---

① 汪国新.社区学习共同体培育策略[J].职教论坛,2012,(03):50.

的选择。建设成人教育共同体是合建与共享的实现形式。在杭州,通过建立成人教育共同体实现成人教育的快速均衡发展,实实在在地进行了一次极富创造性的教育实践探索,在理论与实践的结合上回答了科学发展成人教育的重要命题。

第一节　问题与困境:成人教育供求矛盾突出

成人教育的现有需求,以及未来十年可预测的需求指数会随着社会的发展不断提升。经济全球化使我国企业的国际分工和国际经济交流不断深化,不同产业和领域的从业人员也出现大幅度的流动与调整;专业技能人才、在职高级专业人才和从业人员或待业人员的岗前培训、在岗培训、转岗培训以及继续教育的需求空前高涨,这种趋势必将带来智力需求的投资——更新业务知识,升级技术结构,提高工作技能,这将成为教育需求的一大方面。同时,逐渐富裕起来的中国人,开始更多地关注生活品质,关注幸福指数,关注人生的价值与意义。当人们不再为温饱犯愁的时候,越来越多的成人会关注自己的精神生活,"我快乐吗? 我充实吗? ……"等一系列设问又会为成人教育发展带来新的空间——生活学习与生活教育。它关注人的精神生活,着眼于人的兴趣爱好,指向生活的完满。而先天不足,后天乏力的成人教育机构准备好了吗? 我们将以什么样的姿态应对即将到来的"黄金岁月"?

一、成人教育需求凸显

(一)社会层面

和谐是现代社会的最强音。和谐社会首先是"各尽其能"的社会。各尽其能就是调动一切积极因素,激发人们为建设和谐社会释放出巨大的创造力。和谐社会也是"各得其所"的社会。人们既然为建设"和谐社会"各尽其能,必然要求各得其所,必然要求得到与自己的劳动和能力相等的回报。和谐社会又是"和谐相处"的社会,强调人与人之间关系的融洽。

成人教育通过为各类人群提供所需要的教育培训服务,能够提升人们现有的知识文化水平和劳动技能水平,丰富人们的业余文化生活,能够营造良好的社会文化氛围,为社会主义和谐社会服务。

人口老龄化问题是世界各国共同面临的问题,随着这一问题的日趋严重,许多国家都在探讨解决途径。我国作为当今世界人口最多且生育率下降最快、持续时间最长,也是最早进入并将迅速走向老龄化严重阶段的发展中国家,呈现出"未富先老"的基本态势。截至 2011 年底,杭州老年人口达到 122.19 万人,占总人口的 17.53%,比全国提前 11 年进入老龄化。据了解,该统计所指的老年人是指生理年龄 60 岁以上的人群,在杭州还有大批处于 50 岁和 60 岁之间还不能纳入统计的"准老年人",如此庞大的老年队伍,必将对社会产生新的要求与需求,他们向往老有所为、老有所乐。

而农村的成人文化技术学校、村民学校、城市中的社区学院等,是老年人的"乐园"。这些机构有着明显的地域优势,往往分布在老年人生活的社区内。其次,它们还有教育服务的优势,通过提供普及性讲座及休闲娱乐教育服务,如组织各种老年兴趣班等,为"文化养老"战略的实施打下了良好的基础。

知识经济的到来需要全民族素质的提升。全民族素质提升的一个重要标志是人均受教育年限的提高。如果说"文盲率"是结构指标,反映的是教育普及状况,那么"人均受教育年限"则是强度指标,反映的是人口受教育的总体水平。"人均受教育年限"是指某一人口群体人均接受学历教育(包括成人学历教育,不包括各种非学历培训)的年数。目前,在杭州已经实现了 9 年制义务教育并在努力向 12 年义务教育迈进,青少年一代已基本完成了基本素质的普及。但通过调研发现,杭州地区总的人均受教育年限水平不高,城乡结合部农民,外来务工人员,城市 40 岁、50 岁人群未达到高中学历的还占有一定的比例,提升他们的受教育年限只有通过成人教育来实行。为此,杭州市成人教育系统组织了"双证制"培训,即对高中学历以下的成年人,通过系统的教育培训,达到学历与技能的双丰收。"双证制"工作开展几年来,成效显著,切实帮助了许多想学但没有经费、没有机会或没有途径的成年人,成为他们在求学路上的福音,这项工作杭州还将继续开展下去。

（二）组织层面

成人教育机构转型发展最需要提升的是其教育服务的能力与水平。现有的成人教育机构主要是指为成人教育提供教育服务的单位,包括民办机构和公办的广播电视大学、社区学院、成人文化技术学校(以下简称"成校")等。成人教育机构如何为居民提供多样化的教育服务,如何借助外界力量实现优势互补,提升教育服务质量,是成人教育机构必须思考的问题。

成人教育机构、学校与其与大学争夺逐渐萎缩并将持续萎缩的高等成人继续教育市场,不如立足自身、立足地区,在非正规教育,特别是非正式教育中寻求自身长足的发展与持续的生命力。

用人单位对劳动者素质要求提高。"用工荒"与"就业难"一体两面的矛盾,富有戏剧性。"用工荒"是现阶段经常出现在公众视线中的一个热点词,"就业难"又是当前新职场菜鸟"心中的痛"。用人单位希望找到既有知识又有技能,既态度端正又肯埋头苦干的人才,而就业者希望找到薪水高、有前景,又不过于繁重的工作,供求之间存在差异,并呈现愈演愈烈之势。要解决这一矛盾,从用人单位来说,可以降低要求或提高薪酬;就求职者而言,则要转变态度、降低薪资要求或提高技能,而选择提高技能或许是最有意义和价值的方式,参加必要的职业技能类培训是当今的求职者必然面对的现实。成人教育就需要为职业人群的就业以及再就业提供各种培训服务,帮助他们更好地适应企业要求,提升自身的素质与职业竞争力。

（三）个体层面

接受成人教育是实现就业与再就业的重要条件。社会的高速发展,人、财、物资源的不断整合在很大程度上提高了社会的效率,同时也对劳动者提出了更高的要求。未来对人的要求就是要学会学习、学会生存、学会与他人相处、学会做人。知识的日新月异,技术的突飞猛进,任何试图停止学习的思想,都有可能断送我们的职业生涯。不断自我充电,提高自身素质才是实现就业或改善就业的有效途径。成人教育正是为各个起点水平的成年人提供教育与发展机会教育形式。

享受优质的成人教育是提升综合素质、实现完满生活目标的重要基础。当人均 GDP 突破 10000 美金大关的时候，当人具备一定的物质基础以后，便会产生精神层面的需求。人们从"你吃饱了吗"转而问"你吃得好吗"，现在更多人会问"你幸福吗"。美国哈佛大学的"幸福课"受到了前所未有的关注，这在一定程度上预示着成人教育未来的发展方向。成人教育将受到越来越多的关注，越来越多的人需要成人教育服务。

二、成人教育资源匮乏与滞化

（一）成人教育总体资源有限

成人教育即将迎来发展的春天。在大好发展前景面前，我们更应该冷静地分析和系统梳理成人教育的现状。从现有的资源条件看，成人教育的发展还存在许多制约因素。

1. 专职教师编制有限、质量不高

据统计，杭州市 2007 年共有乡镇成校 165 所，其中区域性中心成校 27 所，省、市示范性成校累计创建 75 所。2007 年，专职教师共有 738 人，本科学历的教师 417 人，占教师总数的 56.50%；专科学历的教师 287 人，占教师总数的 38.88%。其中，45 岁以上的教师占 79.64%，35—45 岁的教师占 13.57%，25—35 岁的教师占 7.1%。中学高级职称的教师有 12 名，占总调查人数的 8.57%，具有中学一级职称的教师（包括小学高级）122 人，占调查总人数的 87.14%；具有中学二级职称的教师 6 人，占调查总人数的 4.28%。据 2012 年不完全统计，共有专职教师 1100 人，同时中职学校社培教师为 549 人。其中研究生学历 75 人，本科学历 1232 人，大专学历 342 人。总体看来，现有教师总人数比以往有所提升，但相较普通教育、职业教育还存在巨大的差距。目前，在岗、在编的成人教育教师多承担管理职能，教学技能不强，较少具备与成人教育相关的知识和技能。

2.财政投入不足

20世纪教育最伟大的发现是为应对瞬息万变的社会,教育不能止于学校教育,而应贯穿人的一生。但目前,与学前教育、义务教育、高中教育、职业教育和高等教育相比,浙江省对成人教育的投入十分可怜。

以2011年为例,义务教育阶段小学生人均公用经费最低标准为450元,初中生人均公用经费最低标准为650元,杭州市高中生人均公用经费为4000—5000元,高等院校生人均教育事业费为7000—8000元,而成人继续教育人均经费全省大部分地区仍为1元,相差之悬殊令人诧异。

查阅2011年浙江省教育厅部门经费预算(草案)后发现,在9项2011年主要省级教育专项经费安排和15项教育转移支付资金预算安排中,没有省级成人继续教育专项经费安排。投入不足是成人教育的又一制约因素。

3.基础设施建设落后

目前,大部分成人教育机构办学的硬件条件较为落后。许多学校,特别是农村成人文化技术学校往往没有独立的办公场所,而是采用租赁的方式从其他单位租用办公场地,培训场地数量不足,设施设备也较为落后。由于经费的缺乏,成人教育机构往往没有进行技能培训的实训场地,较少开展技能培训。萧山区进化镇成人文化技术学校,是乡镇成校中场地较大的学校。

链接:萧山区进化镇成人文化技术学校基础设施情况

萧山区进化镇成人文化技术学校创建于1983年,系省一级成人文化技术学校、浙江省示范性成校、萧山区进化镇社区教育中心、进化镇市民学校、杭州市萧山区进化镇人口学校、中国农函大杭州市萧山区分校进化镇教育辅导站、萧山区自学考试进化镇联络站、杭州市萧山区梅乡书画协会会员。学校占地5.28亩,建筑面积2100平方米。学校有标准教室12个,能容纳100多人的大教室1个,缝纫机教室2个,缝纫机36台,电脑55台(光缆上网),多媒体教室1个,移动多媒体一套,实现了现代远程教育和自动化办公,可以满足各类培训和农民业余学历教育的正常开展。另有青梅、桑果、茶叶、食用菌实习基地150余亩,爱国主义教育基地2个。学校有专职教师8名,其中本科学历4人,大专4人;高级职称教师1人,中级职称教师7人,聘请由 27 位专家、技师组成的兼职教师队伍。

（二）潜在教育资源开发不足

本研究中所指的潜在教育资源,主要指各种教育部门、机构以及具有教育培训服务职能的非教育部门机构中所存在的教育资源。目前,成人教育机构与行业、部门以及各类学校之间联系不紧密,成人教育没有很好地开发和利用潜在的教育资源。事实上,成人教育的特殊性决定了它是可以实现社会效益、经济效益、教育效益三丰收的教育形态。在当代社会,成人教育的知晓度还不高,就连成人教育机构自身也经常处于迷茫的状态,没有挖掘出自身的闪光点、潜力点。现有的成人教育机构,特别是农村成人教育机构,往往不敢打开校门,不愿意走出去,不主动与其他机构、单位进行合作,其结果只会使自己更加孱弱。

（三）区域间教育资源不均衡

区域间教育资源的不均衡普遍存在于各个教育体系中,成人教育也不例外。教育作为一种资源,存在分配不公的现象,城市往往集中了更多优质的资源,而乡村资源则要匮乏得多。

城乡间教育的不公平主要表现为:教育投入的差距;办学条件的差距;师资力量的差距。由基础教育城乡投入的差距可窥见成人教育的现状。

区域间成人教育资源的不均衡还与地方经济水平以及政府对成人教育的重视程度有很大关系。因此,成人教育的不均衡既表现出与基础教育的相似性,也表现出其区域内自我调节的潜在灵活性。

（四）教育资源使用效率不高

成人教育资源的使用存在两方面的突出问题,首先是重复建设现象普遍,其次是现有资源未有效整合。重复建设表现在课程开发、技能培训、教育服务上。许多成人教育机构围绕热点成人教育培训开发了大量同类型课程,例如计算机、安全、保健等,造成人力、财力、物力的浪费。而且各个学校师资力量有限,编写出来的教材科学性、严谨性都有待进一步推敲。重复建设还表现在技能培训上,同一个区片的学校,大量开设同类型课程,由于生源有限,而产生互抢生源的现象。同时,由于生源不断减少,办学成本提高,只能减少教师或降低教师层次,影响教学效果。现有资源未有效整合,主要表现为成人教育机构未将各种成人教育资源进行有效整合,没有融会贯通,处于"看山还是山,看水还是水"的境界。

第二节　路径创新:合建与共享

成人教育面临一个突出矛盾是,教育资源有限与学习需求多样。成人教育共同体提出了解决这一矛盾的有效途径,即合建共享。通过加强成人教育力量的合作,让成人教育资源丰富起来,成为城乡之间、区域之间、校校之间无界限、无障碍的共享资源,成员之间开放程度越高,意味着共同体的合作程度越高,它为成人教育机构之间、共同体内部成员之间的优势互补、互帮互助、共同发展提供了实践的可能,更为成人教育的可持续发展提供了一种新的思路。

一、合建

(一)理念解读

"合",具有会聚、聚合、合作之意。"建",引申为建立、创设、建设。将合建二字进行组合,即可解释为聚合而后创建。我们将"合建"的意义进行发展与延伸,将其概括为"合作与共建"。研究发现,社会越发达,"单兵作战"的成功案例就越罕见。社会将更多的资源进行整合,统一使用,往往带来更大的效益。合建是现代社会发展的产物,伴随着社会发展,"合而建"的案例越来越多,欧盟就是其中一个典型案例。

链接:现代社会合建的典型代表——欧盟

欧盟是欧洲联盟的简称,它成立于1993年的《马斯特里赫特条约》,现有27个成员国,人口5亿,GDP16.106万亿美元。欧盟的宗旨是"通过建立无内部边界的空间,加强经济、社会的协调发展和建立最终实行统一货币的经济货币联盟,促进成员国经济和社会的均衡发展","通过实行共同外交和安全政策,在国际舞台上弘扬联盟的个性"。

欧盟已经制定了一个单一市场,通过一个标准化的法律制度,适用于所有会员国,保证人、货物、服务和资本的迁徙自由。它保持了一个共同的贸易政策,包括农业和渔业政策以及区域发展政策。15个会员国已通过了一个共同的货币——欧元。在对外政策上,代表其成员在世界贸易组织、八国集团首脑会议和联合国的会议上发言,维护其成员国利益。

对于成人教育而言,合建的最初目的是为了"抱团取暖",解决自身资源不足的缺陷。合建的最初阶段可在硬件设备、场地资源等方面进行合作,而合建的最高形式应为制度、管理、经费等的一体化。研究希望通过对合建的实践,探索杭州成人教育共同体建设的可行方式,为深入开展区域内合建做出相应的铺垫。

(二)理念转变:从单独建设、重复建设转向合建

从全国范围来看,海量资源的存在与优质资源的匮乏以及如何有效应用资源等问题仍然没有得到完全有效的解决。成人教育领域面临着教育资源老化、同质化、优质资源匮乏三大尖锐矛盾。

基础教育领域已经开始关注资源的合建,广州市教育信息中心的魏晓彤提出采用"同步与共建"来实现教育资源合建。首先同步开发,解决资源适用度问题。开发"同步"这个环节是指与教学进度同步滚动开发,只需提供正在使用的教材内容所需的资源即可,而不是一下子提供所有教材内容的资源,而且每个学科的资源提供者都是本学科的优秀教师,因此能够比较好地解决资源的适用度问题。其次定期合建,解决教材内容经常变化的问题。将"一线教师"与"滚动推出"两点结合起来,同步资源就能够做到一线教师都要定期根据自己所教的教材,滚动推出当前(略微提前)教学内容所配套的资源。这样不管教材内容怎样变化,一线教师都会适时地做出配套的内容。

成人教育共同体建设就是实现成人教育领域从单独建设、重复建设转向合建的一次积极尝试。成人教育机构也不再是一个个单独的机构,而是作为一个联盟,实现资源的整合。

链接:成人教育资源合建的先行者——常春藤盟校

常春藤(Ivy League)一词是指美国东北部八所大学体育联盟,包括:哈佛(Harvard)(成立于1636年)、耶鲁(Yale)(成立于1701年)、宾夕法尼亚大学(Penn)(成立于1740年)、普林斯顿(Princeton)(成立于1746年)、哥伦比亚(Columbia)(成立于1754年)、布朗(Brown)(成立于1764年)、达特茅斯(Dartmouth)(成立于1769年)、康奈尔(Cornell)(成立于1865年)。这八所大学都是美国一流大学,它们历史悠久,治学严谨,教授水平高,学生质量好,因此常春藤大学有着优秀的声誉。他们的共建源于体育,随后逐渐涉及教学与学科建设、学分互认等领域。

目前,伴随国外"公开课"风潮的推进,国内大学也纷纷行动。

北大、清华、复旦、中科大、南大、上交大、西交大、哈工大等国内顶尖的大学也已开始投入网络公开课的开发。"这9所大学组成了中国内地大学最高级别的联盟,简称C9联盟。联盟之间打算课程互通,逐步达到网络共享。"不但如此,澳大利亚八大名校(简称G08)还将与C9联盟在网络课程共享上展开合作,江浙沪三地也将构建起长三角网络公开课的共享平台。"如果精品课程上网共享一步步都实现了,那会带来一种全新的教学模式。"将来会出现不受时间、空间限制的"没有围墙的大学"。

在成人教育领域不仅有高等成人教育资源的合建,其他成人教育的资源也蕴含巨大的合建空间。比如成人教育的课程资源,现有的课程资源存在杂而不精、重复建设研究、门类不齐等问题,合建是集中力量、提升质量的最有效手段。

二、共享

(一)理念解读

共享是与独享、分享完全不同的概念。形象的比喻可以看出它们的差别:在自己的家里做好了饭菜自己享用,是独享;把家里做好的饭菜带到单位给同事们享用,是分享;几家人周末郊外野炊,每户人家都带上最好吃的,供全体人员享用,是共享。共享的特征是付出与收获对等,权利与义务相对应。成人教育的资源共享包括基于网络与非基于网络两种形式。非基于网络的资源共享,主要是指成人教育的实体资源,如场地资源、设备资源等。基于网络的资源主要是成人教育的可信息化资源,比如课程资源、师资信息资源等。

在成人教育领域,哈佛、斯坦福等一系列国外知名高校网络公开课程就是一种典型的基于网络的共享。国外著名高校的这一举措,也吸引了国内高校的关注与回应。

链接:国内高校课程资源共享的代表——浙江大学

浙江大学本科生院副院长、教研处处长陆国栋正在做浙大的精品课程建设上网工程。他透露,现在网络"平台"已经搭建成功,第一批八门课程正在开发。其中,两门是不分专业的通识课,分别是浙大人文学院哲学系主任董平教授的《孔子与论语》和浙大公共管理学院郁建兴教授的《中国的公民社会建设》。其余六门均为精品课:国家级双语示范教学课程、浙大计算机科学与技术学院陈越教授的《数据结构与算法分析》,分别由三位国家级教学名师陆国栋、何莲珍、吴敏教授上的国家级精品课《工程图学》、《大学英语(论坛)》、《生命科学导论》,另外还有陈劲教授的国家级精品课《技术创新管理》、徐端钧教授的浙江省精品课《普通化学》。这些课程质量都不错,但目前仅限于单向传播,还没有互动功能。接下来浙大将加快开发的步伐,将推出一百门网络公开课上网共享。

基于网络的共享是成人教育领域最活跃的共享形式。从内容上看,网络共享属于知识共享。知识共享是知识所有者与他人分享自己的知识,使知识从个体拥有向群体拥有的转变过程。知识共享也是个体间相互交换显性和隐性知识,并共同创造新知识的过程。所以知识共享就是个人与组织之间、隐性知识与显性知识之间互动的过程。

日本学者野中郁次郎(Ikujiro Nonaka)和竹内弘高(Hirotaka Takeu-chi)提出的 SECT 知识转化模式描述了知识共享和转化的结构与过程。SECT 模式将知识转化过程总结为四个方面:知识的社会化、知识的外化、知识的组合化、知识的内化。这是知识需求者将所学到的显性知识再运用到实践中去的过程,是显性知识到隐性知识的转化过程。知识拥有者只有通过吸收和运用将显性知识转化为隐性知识,才能形成内在的有价值的知识,这也是知识共享的最终目标。

(二)理念转变:从独享、分享转向共享

社会形态的变迁,遵循从原始社会、奴隶社会、封建社会、资本主义社会、社会主义社会、共产主义社会,一步一步由低级形态向高级形态发展的规律。原始社会、奴隶社会、封建社会奉行的价值观是"独享",资本主义社会、社会主义社会这两种社会形态开始从"独享"走向"分享",进而"共享"。由此可见,独享、分享、共享的理念具有递进关系,"独享"最层次最低,"共享"层次最高,见图 1-1。

图 1-1　独享、分享、共享关系

研究认为,成人教育的发展也将从"独享"走向"共享"。过去的成人教育机构,都是按部就班,有培训任务下来,正好有相关的师资和设备,就迅速把任务完成了。如果没有相关的场地、设备等,就只能"望洋兴叹"。培训能力就在一声声叹息中不断减弱,学习者也因为多次求学无果而丧失兴趣,成人教育的吸引力不强。偶有一次契机,相关行政单位要求两家或多家成人教育机构共同承担一项任务,于是大家开始打开校门,拿出各自的"储备",开始偶发性的"分享"。由于一次分享,让参与单位尝到了甜头,于是私下里学校与学校之间开始了分享的历程。"分享"还只能停留在一个较小的范围、中间层面。大家尝到了分享的甜头,开始思考如何将分享的优势进一步扩大,即将每个机构的"优势产品"都摆上来,供所有机构有条件地使用。这就是本研究的核心理念之一——"共享"。

（三）共享途径：互相开放

实现资源共享的前提是拥有资源，并且愿意将其对其他机构开放。成人教育机构在实现资源共享的时候，也同时扮演着两种角色，资源的提供者与资源的使用者，两者不可偏废。单纯提供资源不具有可持续性，单纯享用资源就会丧失未来的机会。

在成人教育领域"共赢互利"尤为重要，这是合作的基础。要实现它，需要成员单位拥有开放的心态、开放的举措。适时的开放意味着更多潜在的机会，开放的背后是自信的体现，成人教育要实现自身的发展、获得社会的认可，故步自封不可行，打开大门，"走出去、迎进来"方为上策。

三、成人教育共同体提出

分析现行的杭州成人教育，研究者意识到必须有所"变"。面对成人教育即将到来的春天，面对全球范围内涌动的资源共享热潮，树立崭新的"合建共享"理念，我们的成人教育将孕育出一种新的发展方式。

（一）成人教育实体发展的传统方式：行政依附

传统成人教育实体发展完全依靠政府的经费扶持、政策扶持，以完成政府下达的培训任务为工作内容，一旦政府经费不足或相关政策配套不到位，就将陷入"巧妇难为无米之炊"的尴尬境地。成人教育机构负责人最核心工作，就是向上争取经费与政策。这类实体发展具有以下特征：

1. 主体被动

传统的成人教育机构将自身定位于政府部门的服务机构。开展什么样的教育培训，提供什么样的教育服务，机构从不考虑。在这种理念支撑下，机构成丧失了主动性和积极性。它们阶段性地忙于完成政府下达的任务，却从不考虑自身未来的发展和走向。它们关注的是政府的需要，而非服务对象——学习者的需要，这是一种本末倒置的教育。

2. 客体关系单一

传统的成人教育机构，是一个"闭关锁国"的小世界，与它们发生关系的只有政府部门。"政府—机构"的单线关系,机械而毫无张力。在这种情况下,政府的任何"风吹草动"都直接影响机构的生存问题。

3.独享资源

传统成人教育机构因其主要依附于辖区行政部门,因此,他们将占有的资源作为一种财富,牢牢把握在本机构内,不与其他成人教育机构交流与共享。作为一个单独的机构,其资源毕竟有限,一些成人教育培训机会,如果本机构内没有相应资源的支撑,往往就无法完成。长此以往,成人教育机构的能力将不能提高,在社会中的影响力也将不断削弱。

4.竞争力不强

传统的成人教育机构,由于它的被动、它的单纯关系与消耗性本质,注定其竞争力不强,很难与其他教育机构相提并论。没有竞争力就没有社会地位,所以这类学校的负责人在教育系统中的地位不高。

(二)成人教育实体发展的新方式:建设成人教育共同体

所谓成人教育共同体,它是由成人教育机构之间或者成人教育机构与其他相关组织之间围绕共同的发展目标,以契约和心灵契约为纽带,合理配置和共同享有教育资源,相互合作,协同进步,追求整体和谐发展的成人教育非正式组织。

成人教育共同体的提出是为了应对成人教育现存的问题,帮助一个个弱小的成人教育机构,实现从"独立个体"向"联合体"的转变。研究者认为,与其帮助一个个机构单独成长,不如让它们结为联盟,通过群体的力量,取长补短,在最短时间内达到最佳的效果。研究者认为成人教育共同体具备以下一些特性:

1.主体自主性强

在成人教育共同体中,每个成员单位都是平等的。共同体要求每个成员单位都要对群体有所贡献,将自身的优势展现出来。这在很大程度上激发了成员单位的自主意识,让他们从"要我"变为"我要"。成员单位从被动中释放出来,成为独立自主的个体时,他们的思维是活跃的,他们的热情是高涨的,他们的智慧是闪着光辉的。这也成了共同体最原始的能量来源。

2.关系呈现扁平化和网络化

在成人教育共同体中,成员单位之间建立了平等的关系,成员单位与外部机构建立了互动关系,这些关系的组合就成了一张网。网络化的关系,增强了灵活性,对个体的成员单位而言,它的联系是多维的、丰富的,缺少了某一条线的联系,还可以通过其他的联系进行补偿。由此,成员单位对政府部门的依赖性大大降低,它们也将以更积极的姿态,成为政府教育服务体系中的实践者。

3.坚持共享资源的发展观

在成人教育共同体中,各成员单位都要进行某种"交换",只是这种交换的层次要高于一般的交换。成员单位将自身有的优质资源提供给共同体,共同体作为一种平台,将这些资源聚集起来,供共同体内部成员使用。共同体内部成员既扮演资源提供者的角色,同时也成为资源的使用者。

4.整体实力增强

成人教育共同体作为一个整体,占有了大量的优质资源,成为成人教育领域的"航母",它的服务能力、竞争力已远远高于单位成人教育机构。成人教育共同体各成员单位,将作为"航母"的有机组成部分,既保持个性又享有共性,在成人教育共同体的运行中,实力不断壮大,功能不断完善。

第三节 实践探索:以杭州成人教育共同体建设为例

从某种意义上看,中国基础教育界正在进行一场"教育共同体运动"。2005年,杭州进行了城乡互助型共同体模式研究。通过四年的努力,杭州在"教育共同体"的政策设计与机制建构、构建模式与运作等方面取得很好的成效。适当吸收和借鉴杭州基础教育中城乡互助型共同体建设的经验,根据成人教育的特点,大胆提出成人教育共同体建设的架构与思路,有望探索出崭新的成人教育发展之路。

一、杭州成人教育共同体研究设计

（一）目标设计

1.认清成人教育共同体建设的理论与现实价值

2009年第六届国际成人教育大会将世界成人教育未来12年的发展主题定为"成人教育的力量：生存与学习"。成人教育将从单纯重视教育或单纯重视学习的误区中走出来，走向教育与学习并重的发展阶段。高效能成人教育的实现与发展，不仅有成人学习者学习意愿提升、学习能力增强的需求，同时社会还应该能够提供高质量、多选择、高效率的成人教育资源。建设杭州成人教育共同体正呼应国际成人教育的发展，能够切实有效解决成人教育资源不足的现状。

2.构建成人教育共同体管理模式和运行机制

杭州成人教育共同体的定位是什么？是行政监督下成立的特定机构，还是成人教育机构之间因为共同的需要，在契约的规范下成立的教育联盟？我们认为杭州成人教育共同体是一种教育联盟。我们需要进行研究的是，如何建立这样的教育联盟，采用什么样的方式进行联盟内部的管理以及教育共同体在实践中又是如何运行的。我们希望通过对共同体管理模式与运行机制的研究，摸索成人教育实体发展的新路径。

3.推进杭州区县成人教育集团建设，促进杭州成人教育均衡发展

通过成人教育共同体的构建的研究，推进杭州区县成人教育集团化之路。基础教育的集团化已经运行得较成熟，成人教育的未来走向还不十分明朗。我们希望通过研究，表达对成人教育未来走向的一种姿态和一些建议。要在某种程度上实现成人教育的均衡发展，不仅要实现意愿上的共识，同时也要逐步达到实质的统一，这样才能从真正意义上实现资源的高度合建与共享。

（二）杭州成人教育共同体内容设计

基础教育城乡学校互助共同体的实践与研究已经为成人教育共同建设研究提供了经验，但成人教育相较于基础教育而言，地域性更强，个体需求

的差异更大,发展的不均衡性更明显,所以无法也不能照搬基础教育共同体模式,而需要研究者从成人教育的实际需求出发,以"共同体"的视角来关注这个城市的成人教育发展。

1. 成人教育共同体的内涵与特征

"共同体"一词由来已久,但"共同体"应用于成人教育领域,则未有先例。当我们开始提出一个新概念的时候,就有必要详细阐述对其的各种界定,点明我们在本研究中所持的观点。将"成人教育"与"共同体"进行联系具有理念突破,拥有理论价值与意义。要深刻把握成人教育共同体的内涵与特征。杭州成人教育共同体的提出,意味着杭州成人教育又向社会递交了一份丰厚的成果。

2. 成人教育共同体运行机制的建构策略

合建机制、共享机制和凝聚机制是成人教育共同体的核心机制,通过研究,提出三大运行机制的建构策略。

3. 架构成人教育共同体操作模型

成人教育共同体模型的构建依赖于下位模式的支撑。研究在调研、归纳的基础上,根据对杭州成人教育未来走向的分析,提出成人教育共同体的四大组成部分,分别为全域共享型共同体、同质合作型共同体、异质共建型共同体、城乡互助型共同体,见图1-2。

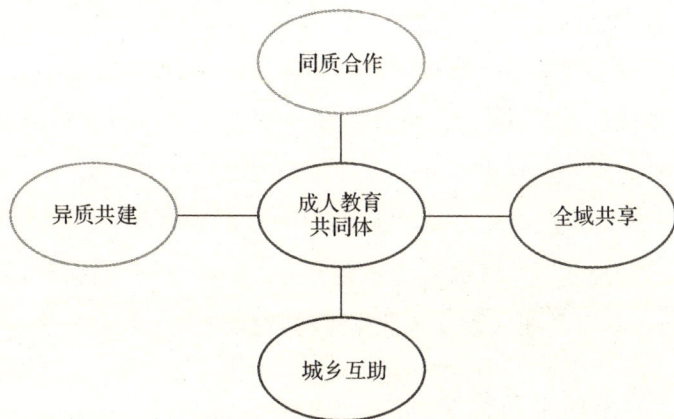

图1-2 成人教育共同体结构

研究的另一项重要任务是要着力探求四类子共同体的建构形式,并通过典型案例的培育来佐证研究假设。全域共享型共同体中"全域"指的是全杭州范围,围绕师资、课程、云教育平台开展成人教育共同体建设。同质合作共同体是教育系统中较普遍的模式,我们发现同类成人教育机构根据自身的资源特色,开展互补性合作具有共赢的可能性。异质共建共同体是职业教育与成人教育中特有的,并且这种模式在成人教育中的灵活性与生命力都要远远高于职业教育,它带来的合作效益明显。城乡互助的合作模式"既新又老",一般的城乡往往指"城市帮助乡村",而成人教育要研究的是城乡的"互哺",这是一种城乡平等的新型关系,研究认为这将更有生命力,也更具有可持续性。

4.进行杭州成人教育共同体建设的实践

本研究的另一创新点就是以实践者的角度参与研究,研究不仅描绘了一幅成人教育共同体的蓝图,而且将其由构想变成现实。一般的教育研究往往局限于理念层面或者策略层面,一旦止步于此,就不能带来教育实质性的改变。本研究力求不仅要有理念的突破,提出建设成人教育共同体的构想,更要推动成人教育实质性的改变,促进其资源配置的优化,让有限的人、财、物能够发挥最大的效益。

二、成人教育共同体建设研究的过程

成人教育共同体的研究遵循"理论联系实际"的原则,理论创新与实践推进紧密结合。在合建共享核心理念的指导下,按照研究的目标和内容,设计出个性不同的实验项目,在项目实验的基础上进行理论归纳和模型的建构。从典型案例中建构起四种类型的成人教育共同体——全域共享型、同质合作型、异质共建型和城乡互助型共同体,它们并不一定是并列关系,只是便于推广和应用。本项课题的研究过程,是一个理论创新的过程,也是实践探索的过程,更是成人教育事业推进的过程。

三、研究取得的重要成果

一是实践探索,共享策略具有可推广性。成人教育共同体建设为解决教育资源总量不足、潜在资源开发不够、地区间发展不平衡等问题寻找到了一条有效途径，形成了能推动成人教育可持续发展的新模式。基于杭州实践而探索出来的成人教育资源共享策略和成人教育共同体构建机制，可以在我国其他地区得到推广和应用。

二是理性思维，合建共享理论体现原创性。为了活化成人教育资源，把"开放共享"这一现代社会的核心理念应用在成人教育的发展上，原创性地提出了"成人教育共同体建设"思路和成人教育合建共享理论。研究者跳出教育视野，将社会资源纳入其中，从平等合作、资源共享的层面思考和探索成人教育发展的瓶颈问题。成人教育共同体建设的成功实践，是对合建共享理论的最好诠释。

三是参谋行政决策，体现科研的先导性。科研的重要价值之一，就是为行政决策提供咨询。成人教育共同体的命题和合建共享的思路，能在杭州市教育"十二五规划"中得到体现，并由此开启杭州市今后五年成人教育的推进项目——农村成人学习综合体建设，这是对本项课题研究的最大褒奖。

第二章

成人教育共同体的理论诠释

成人教育共同体是面对成人教育自身发展困境时提出的新的概念,建设成人教育共同体是成人教育发展思路的一种创新。其特有的功能、价值和核心理念,彰显出其鲜明的个性特点与时代特征。

成人教育共同体是成人教育发展思路的一种创新,是成人教育在面对自身发展困境时探索出来的新出路。成人教育共同体的诞生有一定的历史渊源。在成人教育与共同体两个概念结合后,成人教育共同体作为一种新的概念被赋予了新的意义,其特征、功能以及核心价值也具有了不同于其他共同体的独有特质。

第一节　"共同体"的多角度审视

　　共同体是成人教育共同体这一词语中的重要组成部分,这也意味着成人教育共同体中也蕴含了共同体的一些特性在内。共同体在不同的阶段经历了很长的发展过程,如政治学视角中的共同体、社会学视角中的共同体、经济学视角中的共同体和教育学视角中的共同体。

一、政治学视角

　　共同体思想最初出现在政治领域,其历史渊源可以追溯到古希腊文明,它是与"城邦"这一术语紧密连在一起的。古希腊、古罗马的政治家在探讨城邦政体形式时,都从不同层面表达出了一些共同体的思想。

　　亚里士多德在自己的著作《政治学》中认为,城邦就是一种由自由和平等的公民构成的共同体,公民享有参加政治共同体各种活动的基本权利,只有在这种共同体中人们才有可能过上最美好幸福的生活。

古罗马西塞罗在阐述国家时使用了"共同体"一词,他指出,国家不是在某一个地域中的人的偶然聚合,而是一个有机的共同体。"国家乃是人民的事业,但人民不是人们某种随意聚合的集合体,而是许多人基于法的一致和利益的共同而结合起来的共同体。这种联合的首要原因不在于人的软弱性,而在于人的某种天生的聚合性。"①这一理解,与亚里士多德对城邦的理解基本上是一致的。

到了18世纪,法国伟大的启蒙思想家卢梭则提出,要构建一个以契约为基础的政治共同体。他在《社会契约论》中提出:"要寻找出一种结合的形式,使它能以全部共同的力量来卫护和保障每个结合者的人身和财富,并且由于这一结合而使每一个与全体相联合的个人又只不过是在服从自己本人,并能仍然像以往一样自由。"而解决办法就是形成一个社会契约,让每个人都把自身的能力置于"主权者"的指导下。"主权者"则是指一个尽可能包括最多社会成员的、道德的、集体的共同体。社会契约是这个共同体最本质的东西,它不是个人与个人之间订立的契约,也不是个人与政权之间订立的契约,而是由自由平等的人们按照自由协议的原则,根据相互的义务订立的。共同体中的约定对每一个成员都是平等的。由于这一契约的订立,参加定约的个人,便相互结合而成为"一个道德与集体的共同体"②。可以看出,卢梭提出来的共同体实质上是一个基于共同的社会契约的由民众组成的政治共同体,其概念是一个纯粹的政治学概念。从城邦之类的共同体思想的萌生到共同体的提出,"共同体"这一概念开始随着历史的流动与变迁,逐渐被赋予更多的意义与内涵,其外延也开始不断丰富。

二、社会学视角

共同体及其思想出现在政治领域后,这一概念也逐渐被社会学家引入

---

① [古罗马]西塞罗. 论国家[M]. 北京:商务印书馆,1986:207.
② [法]卢梭. 社会契约论[M]. 何兆武译. 北京:商务印书馆,1980:137.

到社会学领域,成为社会学中的一个概念,其内涵也在原有基础上有了更多的拓展。这其中,最著名的是斐迪南·滕尼斯提出的共同体以及齐格蒙特·鲍曼的共同体。

社会学家斐迪南·滕尼斯从社会学的角度阐释了共同体。他把共同体看作是"一种原始的或者天然状态的人的意志的完善的统一体",人们是在传统的和自然的感情纽带的基础上结合为一体的,因此,共同体要比社会更为古老。它是在建立在自然的基础之上的群体里实现的。血缘共同体、地缘共同体和宗教共同体等是共同体的基本形式。"血缘共同体作为行为的统一体发展为何分离为地缘共同体,地缘共同体直接表现为居住在一起,而地缘共同体又发展为精神共同体,作为在相同的方向上和意义上的纯粹的相互作用和支配。"①因此,这三种共同体的基本形式是有机地浑然生长在一起的整体,且联系紧密。在滕尼斯看来,共同体内部,有相互之间的共同的、有约束力的思想信念作为一个共同体自己的一致,即"默认一致",它是把人作为一个整体的成员团结在一起的强大力量。共同体有三个基础,即血缘的基础、农业地区的基础和精神的基础,最完善的共同体的"结盟"可以说是友谊,精神的共同体则是建立在共同的事业或职业或共同信仰之上的。

鲍曼则认为,无论是哪种共同体,都有一个共同的特点,即是一个"温暖而舒适的场所",一个温馨的"家",在这个家中,成员间彼此信任、互相依赖,大家有一种"共有的理解"或"共享的思维"。共同体所依赖的这种理解是一种"相互的、联结在一起的情感","人们藉此才得以保持根本性的团结","它是共同体成员一座安全的保护墙"。②

随着共同体这个词的发展,共同体本身的含义也发生了变化。当代语境下的共同体与滕尼斯当初提出的共同体相比,已经发生了意义的重构。

三、经济学视角

如果说,政治学、社会学视角中的共同体更多是从理论上阐释和理解其

---

① [德]斐迪南·滕尼斯.共同体与社会.林荣远译[M].北京:商务印书馆,1999:53.
② [英]齐格蒙特·鲍曼.共同体[M].欧阳景根译.南京:江苏人民出版社,2003:5.

概念、延伸与拓展其内涵,那么,经济学视角中的共同体则最先在实践中迈出了共同体的第一步。其中最具代表性的就是大家熟知的欧盟。

欧盟是二战结束不久后的 1952 年由法国、联邦德国、意大利、荷兰、比利时和卢森堡六国共同组建的,后来逐渐发展为欧洲共同体,1993 年更名为欧盟。目前,欧盟已有 27 个成员国。欧盟从一开始主要就是欧洲国家为促进欧洲经济联合而建立的经济共同体。而它也确实在一定程度上促进了西欧国家贸易和经济的繁荣。欧盟作为一个共同体,体现了共同体的一些独有特点:(1)共同宗旨,即"通过建立无内部边界的空间,加强经济、社会的协调发展和建立最终实行统一货币的经济货币联盟,促进成员国经济和社会的均衡发展"。(2)共同政策,即实行一系列共同政策和措施。如实行共同的农业政策,实现关税同盟和共同外贸政策,建立政治合作制度,等等。(3)共同机构。欧盟下设五个机构:理事会、委员会、欧洲议会、欧洲法院、审计院。由此可见,欧盟其实是一个有共同管理机构、共同契约、共同宗旨、共同利益的集政治实体和经济实体于一身,在世界上具有重要影响的区域一体化的经济共同体组织。

由于欧盟的成立有力地促进了区域间的合作与共同发展,这一形式很快被推广开来,国与国之间、地区与地区之间为寻求共同经济利益而广泛结为经济共同体,如"东盟共同体"、"非洲经济共同体"、"欧亚经济共同体",这样一种以契约为基础、共同经济利益为目标的共同体在经济领域被普遍建立起来。

四、教育学视角

在教育领域,对"共同体"探索的渊源可追溯到杜威的学校概念。杜威认为:"学校即社会","教育即生活经历,而学校即社会生活的一种形式。"[①]在他看来,学校并不是专门去学习知识或技能的一个场所,而是一个社会组

---

① [美]约翰·杜威.学校与社会.明日之学校[M].赵祥麟等译.北京:人民教育出版社,1994:15.

织;学校教育是一种人与人交往互动的社会活动,这种社会活动可以依"学习共同体(learning community)"的形式展开。此后,共同体一词在教育领域逐渐出现,最为人熟知的是教育共同体。目前,由于思考角度不同,对"教育共同体"有不同的理解。教育共同体有时被理解为学习共同体、科研共同体、教师共同体,有时又可以被理解为一个精神共同体、利益共同体、生命共同体,等等,不一而足。教育共同体是个极其宽泛的概念。教育共同体的表现形式不是单一的,而是交叉的、多层次的。但是无论哪类教育共同体,都是基于共同的教育目标,在不断培养人的教育活动中自发形成的有教育责任感的个体联合。教育共同体与一般的教育者群体的区别就在于,教育共同体是为共同的教育目标自发形成的,是基于共同信仰的,而一般教育者群体则主要源于制度的规约形成。

经过不断发展和演变,"共同体"这个概念已经在政治、经济、文化、教育、法律、科学等各个领域得到了广泛的运用,而且在每个领域的运用都衍生出很多意义各不相同的词汇,诸如政治共同体、经济共同体、文化共同体、法律共同体、科学家共同体、教育共同体,等等。这种延伸也为成人教育共同体这一想法的诞生奠定了基础。

第二节　成人教育共同体的概念、特征及功能

成人教育共同体是我们在成人教育发展过程中提出的新概念,有其特定特征、功能及其核心价值。发展成人教育,提高成人整体素质,是各成人教育机构的共同目标。成人教育共同体通过构筑起成人教育机构平等合作、互赢互利的关系,使有志于成人教育发展的各类企业、成校、社区学院,甚至社区等单位以及个人紧密团结起来,为这一共同目标的实现努力。

一、成人教育共同体的概念及特征

（一）成人教育共同体的概念

所谓成人教育共同体，它是由成人教育机构之间或者成人教育机构与其他相关组织之间围绕共同的发展目标，以契约和心灵契约为纽带，合理配置和共同享有教育资源，相互合作，协同进步，追求整体和谐发展的成人教育非正式组织。

在现实情况下，成人教育共同体是一种主要由社区学院、社区分院、乡镇成人文化技术学校以及其他各类学校、行政部门、企事业单位及乡镇街道等不同个体，围绕共同的目标，合理配置和共同享有教育资源，相互促进，追求整体发展的成人教育联盟。

在这个共同体中，所有成员拥有一个共同的关注点，即成人教育的发展，共同致力于解决成人教育发展过程中的各种问题，在共同追求的领域中通过持续不断的相互作用、相互影响而实现成员共同发展。这些成员不一定固定于同一区域、同一范围，但却因为发现了相互作用的价值而聚集到一起，分享信息、交流思想、互提建议，互相帮助解决问题，讨论各自的情境、追求和需要，思考共同的事项，探求各种想法，互相回应和反馈，从而在资源、信息等方面的建设、整合与共享上实现更大突破，并为实现这个共同体的共同目标而努力。

成人教育共同体应该是以推进成人教育的发展为目标，以合作、信息资源共建共享、科研课题互助为载体，通过项目合作、教学互动、共同研究、资源共享，最终推进成人教育进一步发展的合作联盟。它的建设旨在改变传统成人教育封闭、单一的发展模式，改变理论与实践脱钩的现状，把成人教育以及成人教育教师的发展引入一个开放、持续和共同参与的变革框架中，促进共同体成员之间的互动、融合，充分反映成人教育实践的丰富性。由此可见，成人教育共同体有明确的基本思想作为理论核心，有把基本理论应用到各种教育活动中去的方法。成人教育共同体中的成人教育机构、教育工作者群体，包括从事理论研究、模式建构、应用推广和教育教学实践的工作人员都拥有共同认同的一致的教育思想、观点、模式、方法和实践的理论基础。

（二）成人教育共同体的特征

1. 愿景的同一性

成人教育共同体中,有一种特殊的凝聚力能把共同体中的各个成员要素联系在一起,这种凝聚力来源于共同愿景。共同愿景是共同体中所有成员共同的、发自内心的目标。这种目标能够产生强大的凝聚力,激发所有成员为共同体的总目标而奋斗。共同愿景应该是比较具体的,而非抽象的,是可以通过努力实现的。同时,它是全体成员发自内心的、共同愿意去追求的。真正的共同愿景能够使所有成员紧密团结在一起,弱化成员与成员之间的利益冲突,产生强大的凝聚力。

共同愿景会对全体成员产生长久的激励。愿景中勾画的蓝图,是成人教育共同体在未来所能达到的一种状态或景象。它能给成员以希望和激励,能够成为全体成员发自内心的共同愿望,但应注意的是,这个蓝图要产生于全体成员的愿望之上。愿景中所包含的价值观,是成人教育共同体对成人教育的一种总的看法和观念。价值观不同,勾画的蓝图以及实现这种蓝图的方式和途径都会不同。愿景中蕴含的使命感是成人教育共同体成员必须具有的。具有使命感,成人教育共同体的成员才可能有任重道远和自豪的感觉,团结一致,共同奋斗,爆发出持续的内在动力,去实现心中勾画的蓝图。目标则是成人教育共同体在努力实现理想蓝图过程中的短期努力方向,是共同体成员们在未来短期内要完成的具体事件。共同愿景建立在每个成员的个人愿景之上,但它高于个人愿景。共同愿景实现的过程也是个人愿景实现的过程。当个人愿景与共同愿景无利害冲突时,成人教育共同体应该容纳这些个人愿景,并给予一定的实现空间,同时尽量使共同愿景成为个人愿景的一部分。在成人教育共同体中,共同愿景,即发展成人教育,提升成人教育质量。这是各个成员聚集在一起的原因,也是支撑成员们一起合作的动力。

2. 利益的一致性

成人教育共同体成员之间是优势互补、合作互赢的关系。他们有共同利益,在利益上是一致的。需要指出的是,"共同利益"首先是指"多数人"的利益。"多数人"可能是指两个成员、少数成员、绝大多数成员甚至是所有成员。他们都可能从"共同利益"中获益或受其影响。这是共同利益的相对普遍性。同时，共同利益是被共享的、共有的、共同承担的，或者是共同受到影响的。它与成员共同的立场、共同的行动相关。它不局限于某个单个的个体，不可能也不应该为其所独有。这是共同利益的不可分割性。通常，成员之间的共同利益叠加就构成一个利益共同体。成人教育共同体是由若干成员组成的。其成员数量的多少，影响着共同体利益的内容。成人教育共同体中的共同利益不局限于某个或某些特定成员，它是绝大多数成员或者是所有成员共同的利益诉求。但无论如何，成人教育共同体的利益都不是单一的，而是多样化的。通常，成人教育共同体的利益在形式上的"一致性"是不能抹杀其实质上的"普遍性"或"差异性"的。如果少数成员的利益被忽略或侵犯了，他们就会游离于成人教育共同体之外，成人教育共同体也就失去了存在的意义。为避免这种情况出现，成人教育共同体要有相应的措施帮助这少数成员的利益实现。

3.行动的规约性

在成人教育共同体中，成员都必须遵守一定的规章、契约，参与共同体机制的运行，也就是要遵守共同体的种种规约，从而能在这个过程中获得认同与承认，这是成人教育共同体的诉求之一。这种认同与承认意味着，一方面进入或退出成人教育共同体是个人自愿的选择，另一方面共同体对你自身认可，这种认可源于共同体成员的承认。成人教育共同体要使成员是一种以主人方式展现人的存在状态，以使规定和规范更为人性化，平等展现每个人的个性，使每个成员的价值在社会大舞台上得到实现，使每个成员在人格上获得尊重。成人教育共同体需要管理和完善成员与共同体之间活动的程序，建立规范和约束学习活动的外部规定、法则、政策和惯例，以及共同体成员之间形成的社会规范、标准和关系等。这样才能够指导为共同体所有成员所接受、所执行的实践活动，调整整个共同体内的活动及各种交互关系。但所有的规约都必须是成员间相互协商、协议、相互调适而制定的。

4.资源的共享性

成人教育共同体的核心理念是"开放与共享"。成人教育共同体是在充分开放的基础上,尽可能多地实现多方共赢。成人教育共同体形成和发展过程就是一个不断地接纳外界信息和影响,通过内外部之间的相互作用达成内部结构重组的自组织过程。由此可见,开放是成人教育共同体形成和发展不可缺少的外部条件。开放性主要是指成人教育共同体的信息与外界的信息,以及体系内部各成员之间的信息能通畅地交流与传播。成人教育共同体保持开放性,才能与外界的影响因素进行物质、能量及信息的交换。因此,成人教育共同体形成和发展的首要条件是系统的开放性,它主要体现在对外开放和对内开放(内部各系统间)两个方面。对外开放是要加强成人教育共同体与教育环境和社会环境之间的物质、人才、信息的交流,不断吸纳先进的教育理念、扩充新的教育资源、扩大教育服务范围。对内开放是指在成人教育共同体这个系统中,允许成员间求同存异,能彼此认同和接纳,成员能将自己所拥有的教育资源无私奉献出来,供其他成员使用。

开放的目的是为了共享。共享是开放的高级形式。成人教育是面向社会大众的、无围墙的教育,成人教育的开放性就要求其教育机构具有开放的特点;同时,由于成人教育的个性化显著、异质性大,单个办学机构根本无法满足不断增长的成人学习者的发展需求,共享成为解决这一瓶颈效应的必然选择。成人教育共同体中,除了成员间打破原有教育资源的内在壁垒外,还必须具备共享意识,这是成人教育共同体成立的重要目的之一。现代社会的核心理念之一是"开放与共享"。知识经验的共享、资源的共享有助于缓解当前成人教育资源匮乏的局面。共享是指将本属于自己的资源提供给他人使用,同时也有权使用他人的资源。成人教育共同体的共享性,从成人教育发展的角度来看,可以在很大程度上缓解成人教育资源短缺的困难,优化资源配置,提高资源的利用效率。从成人教育共同体发展的角度来看,则对共同体成员产生极大的意义。因为共享通常发生在成员之间相互交流沟通、分享的过程中,每一个成员可以得到其他成员的支持,可以与其他成员共享知识、分享经验、交流情感、共同参与研究等,这比成员自己的成长速度迅速得多。

二、成人教育共同体的功能

（一）整合资源的功能

成人教育是面向社会大众的、无围墙的教育，其教育资源有显性的，有隐性的，种类丰富，同时又极其分散。成人教育共同体就是要以开放与共享为核心理念，围绕促进社区教育发展和繁荣的目标，打破部门之间的限制，在一定范围内实现人、财、物的统一调配，通过联盟形成合力，实现资源整合、优势互补。

资源整合是对资源的优化配置。目前，与基础教育相比，成人教育资源的开发与建设远远滞后，成人教育资源的使用效率、应用效果及投资效益等与人们的预期存在较大的差距。成人教育资源的共建共享研究也仍处于起步阶段，资源建设的思路陈旧，缺乏整体规划，优质教育资源分散，各系统兼容性差，重复建设现象严重，资源共享困难。这些也导致成人教育质量不高，效益较低。如何充分利用现有的教育资源，需要构建一种新的教育资源建设模式，即成人教育共同体。成人教育共同体可有效促使系统内的各成员单位主动获取优质教育资源，有助于提高成人教育的教学质量和办学效益。在我国优质教育资源相对不足的条件下，实现成人教育资源的整合，是办好成人教育的有效途径。在成人教育共同体中，以网络技术为支撑，以统一的成人教育网为平台，由共同体主导，集中成人教育资源上的人力、物力、财力，不同区域之间、不同成校之间优势互补，共同挖掘、充分利用教育资源，从而让共同体内所有成员单位都能共同使用教育信息资源。这样的一个过程必然促进教育资源的整合，实现区域内教育教学资源的合理配置，同样也可避免教育信息资源重复投资和建设，扩大教育信息资源的容量，充实成人教育资源库，提高教育资源的质量，丰富教育信息资源的呈现形式，提高成人教育资源的使用效率。

（二）促进合作的功能

对话与交流是成人教育发展的另一个重要诉求。对话的思想早已存在于中西先哲们的思想之中。在对话的过程中,所有的参与者都是平等的,对话的过程亦是开放的、建构相互信任的过程,双方心灵的敞开、共同的参与、彼此的接纳,包容与理解对话过程又是对话主体共赢共生和共同发展的过程。当代意义的共同体以对话理念为基础,追求在群体交往中实现个人价值的最大化。

成人教育共同体的实现首先需要相互对话。它不仅需要创设不同成员之间的相互对话,而且要创设成员与外部教育环境之间的相互对话。对话是实现共同体成员之间相互尊重的机制,也是落实"以人为本"成人教育理念与"公共利益"成人教育价值的基础。这体现在成人教育共同体中是鼓励和尊重每一位成员,鼓励不同意见,鼓励妥协和宽容、协商和论辩。因此,成人教育共同体不仅是理性的对话,而且能够真正建立起共同体成员的友爱情感和沟通态度。因此,我们所倡导的成人教育共同体是求同存异、尊重差异、平等对话的共同体。

合作是成人教育共同体赖以生存的生命力。成人教育共同体是一个合作系统,而真正的合作是在人们追求共同目标中产生的。在共同愿景的指引下,成员单位为共同体提供差异性的合作资源,丰富共同体的经验与实践。在成人教育共同体中,各个成员都是自愿参加各种形式的活动的,成员之间的合作不是受行政限制和强迫产生的,而是源于解决成人教育发展过程中的问题的需要或成员的自我发展的需要。成人教育共同体中的合作采取的是一种"去中心"的方式,共同体中并没有明确的、单一的中心参与者,成员身份在共同体中也处于不断变化中,与此同时,共同体中的控制权掌握在共同体的每一位参与者及其之间的相互关系中。

成人教育共同体形成的合作联盟的基础是互为主体的平等协作,共同发展的合作双赢。其合作文化是民主的、开放式的,而不是权威的、封闭式的,平等互利、优势互补是合作原则。在合作过程中,共同体成员分享学习资源,彼此交流知识、观念、情感与实践体验,建立彼此相互促进的关系。同时,共同在实践中探索新的教育思想、教育理论,也可把成人教育教学中的各种问题带到课程理论及成人教育教师教育理念与内容等的开发与研究中。参与合作的成人教育教师则可利用合作进行自我提高，也可以其教学实践经验给教师教育的课程注入新的资源，进而达到共同提高、合作双赢。

（三）共同发展的功能

我国成人教育正处于发展阶段，成校个体力量非常薄弱，需要通过抱团取暖。成人教育共同体有着促进成员共同发展的功能，可以推动成人教育优质均衡发展。目前，基础教育城乡学校互助共同体的实践与研究已经为成人教育共同建设研究提供了很好的经验，但成人教育相较于基础教育而言，地域性更强，个体需求的差异更大，发展的不均衡性更明显，所以无法也不能照搬基础教育共同体模式，需要研究者从成人教育的实际需求出发，以"共同体"的视角来关注成人教育发展。

对成人教育共同体来说，共同发展就是成员个体、共同体本身以及成员与共同体三者的和谐发展、共同成功。构建成人教育共同体，需要拥有共同的价值追求，成人教育共同体的成员有共同目标追求与合作共识。明确共同目标、达成合作共识是构建成人教育共同体的基础。因为共同体中，各个成员的共生关系是由共同的目标决定的，它们有着共同的价值追求——促进成人教育的发展。在共同体中，机构与机构之间、单位与单位之间以合作联盟的形式聚集在一起，通过共同体的构建，为校校之间的相互沟通、共同研究搭建平台，为教师的培养、课程的开发、信息的共享创造环境、提供载体，并形成构建合作的框架，组建合作的机构，设立合作的项目，实施合作的行动。

成人教育共同体构建，必须从各个成员的实际情况出发，围绕共同提高的目标，创造性地开展理论与实践的研究，力求实效，实现理念共享、资源共享、成果共享、优势互补、相互促进、共同提高。成员之间共同探讨成人教育发展策略，构建共同体的管理模式和运行机制，共同探讨成人教育改革，提升成人教育科研水平，利用先进的信息化工具和手段，在成人教育共同体的各个成员之间构建一个数字空间，实现成人教育过程的全面信息化，达到提高成人教育教学质量、科研水平的目的。共同体中的成员利用现有资源的同时，积极提供、分享自有教育资源，与其他成员实现资源共享。同时，共同开展教育科研和教学研究活动,实现"共享、共建、共赢"的目标。不仅如此,成员单位还共同开展互助活动,进行结对交流,促进彼此的相互了解、相互沟通、相互学习、相互帮助、共同提高。总之,成人教育共同体是一个平台,更是一道阶梯,在这个平台上各个成员可以交流经验、取长补短,共同成长、共同发展。

第三节 成人教育共同体的核心理念

构建成人教育共同体是为了通过成人教育机构、社会各方力量的共同努力,整合、共建、共享成人教育资源,活化资源,提高资源利用率,提升成人教育服务质量,从而满足成人的学习需求,提升成人的学习品质,彰显教育对人的高度关怀,让学习与教育为成人带来生活、命运的改变。

一、合建共享

成人教育是以提高人的素质、重视人的发展为根本目的的。在受教育的过程中,接受优质的成人教育是人民群众最基本的需求和最根本的利益。同时,在信息化充斥各个行业的社会大背景下,面对日益激烈的市场竞争和知识经济时代的挑战,接受优质的成人教育不仅成为人们生存、发展的第一需要和终身受益的财富,甚至决定个体一生的命运。但优质教育资源的稀缺性和分布的不平衡性,使成人教育在资源方面出现较大的区域差距、城乡差距、校校差距,让成人教育资源的获取显得力不从心。如何有效地解决教育资源建设能力的有限性与成人学习需求的多样性、丰富性之间的矛盾,是当前成人教育面临的一个棘手的问题。加上多数资源属于不同的单位管辖,教育资源所属单位之间没有直接的制约关系,如何使各个单位在资源方面互通有无、优势互补是迫切需要解决的难题之一。而成人教育共同体的另一个核心理念就是通过合建共享,加强成人教育力量的合作,让成人教育资源丰富起来,成为城乡之间、区域之间、校校之间无界限、无障碍的全域流动共享资源。成人教育共同体中,个体成员与其他成员结成联盟时,开放程度越高,意味着共同体的合作程度越高。任何个体组织在加入联盟时都会明确自身的责任和义务,也充分了解可以享受的权利。不断生成中的共同体,表现出既相互依存、又彼此独立,既呈现出一定的稳定性、又时时刻刻在变化的状态,正是这种丰富性、多元性,使得成人教育共同体自身不断发生作用,从不同侧面丰富和滋养着共同体成员,使他们不断地从他人那里获得各种资源,分享各种资源。众所周知,所谓共享,是将物品或者信息的使用权或知情权与其他人共同拥有,成人教育资源的共享就是打破资源的界限,实现共同享用,使其最大限度地、合理有效地相互利用,实现资源的优化效果:$1+1>2$。要想实现资源的共建共享,重要的是做好相互之间的交流和协调,其最终目的就是能够实现双方的互利互惠、各取所需。共建共享包括了"共同建设"和"共同享有"。只有共同体成员的"共同建设",成员们各方面的潜能才能被普遍而充分地激发出来,形成发展合力;只有共同体成员的"共同享有",才能为发展滞后的其他共同体成员提供其所需要的帮助。因此,共建共享不仅是成人教育共同体的一个核心理念,更是解决成人教育资源分布不均衡的一条重要途径。它为成人教育机构之间、共同体内部成员之间的优势互补、互帮互助、共同发展提供了实践的可能,更为成人教育的可持续发展提供了一种新的思路。

二、活化资源

一切具有教育意义并可为成人教育所用的资源都属于成人教育资源,它既包括显性的成人教育资源如人、财、物等,也包括保证成人教育顺利实施的各种隐性教育资源,如成人教育制度、成人教育环境、成人学习氛围等。这些资源的充分利用,是成人教育顺利开展所不可或缺的,并且直接关系到成人教育的质量与成人学习的效果。但现实情况是,各成人教育机构之间缺乏有效的沟通和协作,一方面是成人教育资源的闲置和利用率不高,另一方面是同基础教育相比,成人教育资源短缺和不足。同时,随着终身学习、终身教育理念的广泛推广,以及成人为应对社会的快速发展和社会竞争而逐渐重视自身整体素质的提升,主动参与学习和培训的成人不断增加,成人教育资源的短缺问题更是日益凸显。如果把希望仅仅依托于政府不断加大对成人教育的投入,增加成人教育所需的各种资源,显然不太现实并难以实现。因此,充分整合利用成人教育现有的教育资源,高效发挥这些资源的作用,将闲置的资源流动起来,为其注入活力,是比较可行的措施,并成为当务之急。

成人教育共同体就是要根据全面的终身学习的需求以及国家经济社会发展的需要,通过成员与成员之间、共同体与共同体外部之间的合作,采取一系列的方法和手段,统筹协调各级各类和各种形态的教育资源,对现存的资源进行结构性的优化、重组,以挖掘其潜能,对各种潜在的和可能的资源进行开发,达到活化资源、高效整合、利用资源的目的,实现社会有限教育资源的最优配置,发挥教育资源的最大效益,以此来缓解成人教育共同体总体资源不足的现状。活化资源的目的就是实现效益的最大化,在现有教育资源投入既定的条件下,重新调整、组合教育资源,满足更多人、更多层次的终身学习需求,使全民的受教育水平和学习水平达到最优。具体来说,活化资源有两层含义:一是对原有的教育资源进行再开发,使其得到充分利用,提高利用效率;二是开发潜在的资源,使其为成人教育所用,特别是赋予原本不具有教育意义的资源以教育意义,实现资源的教育化。其活化的内容包括了四个方面:一是基础教育机构、各类社会机构与成人教育机构的物力资源的活化,如大、中、小、幼等学校的教育资源,企事业单位中可以为成人教育所用的各种资源以及公共图书馆、文化馆中的资源,等等。二是与成人教育相关的人力资源的活化。三是教育财力资源方面的活化。四是社区中无形教育资源的开发和挖掘。从根本上来说,通过成人教育共同体的构建,使资源活化起来,有效地流动、利用起来,是解决当前成人教育资源发展困境的一条有效途径,它也因此成为成人教育共同体的核心理念及重要目的之一。

三、品质学习

成人教育有其自身的特点,如教育主体的多元性、教育对象的全民性和自主性、教育时间的终身性、教育内容的丰富多样性、教育形式的开放性、教育作用的普遍性,等等,这些都对成人学习有着很大的影响。构建成人教育共同体的主要目的是通过优化资源配置,合理整合教育资源,通过教育资源的共建共享以及成员间的互帮互助来提高成人教育资源的利用率,提供优质的成人教育服务,营造良好的成人学习环境和学习氛围,提升成人学习培训的质量和效率,促进成人教育的发展。成人教育共同体所开展的各项活动都是以成人学习者为中心,以满足成人终身学习的需求、促进成人素质和生活质量的提高以及地区成人教育发展为目的的。它在各个社区构建成人终身学习的场所,整合硬件设施设备和师资力量,通过成员间的交流和相互学习提高成人教育的教学效果,提高成人学习的品质。

品质学习是成人教育共同体的核心理念之一,具体来说它体现在以下四个方面:

一是成人的终身学习享有高度的便利性。学习既是社区和个人发展的手段,也是社区和个人的生活方式,学习成为人的一种最基本的生存能力,并延续个体的一生,是成人持续的、终身的活动。成人教育共同体能通过资源利用率的提高为成人的学习提供便捷性。如提供丰富多样的学习资源。在信息化社会、知识爆炸时代,学习资源广泛存在,一切具有教育意义和学习价值的资源都可以成为学习资源。成人教育共同体借助这样一个自发的组织,通过相应的共建共享机制的运行,促进成员单位的各级各类教育资源的统筹规划,相互共享,同时搭建成人教育系统与其他教育系统、成人教育系统与社会非教育系统之间的桥梁,开放其资源,以拓展成人的学习资源,实现资源的广泛共享。

二是成人拥有丰富的学习机会。学习不再为特定年龄阶段或特定阶层的人所独享,而是让任何人在任何年龄段都有学习机会。成人教育共同体促进普通民众有均等的平等、开放、共享的学习机会。

三是成人学习者具有持久的学习主动性。学习既是个人的一项权利,也是个人应负的一种责任,成人教育共同体旨在在实践培训中创设各种条件、提供各类资源,推动成人的自主学习,使成人可以根据各自的需求,主动或自主地、灵活地选择学习内容和学习方式。

可见,成人的品质学习更多地体现为学习意愿的增强、学习机会的增加、学习资源的增多、学习氛围的形成等方面。成人教育共同体就是要团结更多的成人教育力量来真正实现"人人学习、时时学习、处处学习和事事学习"的学习型社会。

四、彰显关怀

教育是一种培养人的活动,就其本质来说,是人与人之间相互影响的活动。构建成人教育共同体最根本的目的就是教育惠民,使成人教育真正以人为本。

杜威曾指出,一切教育都是通过个人参与人类的社会意识而进行的。这个过程几乎是在出生时就在无意识中开始了。它不断地发展个人的能力,熏陶他的意识,形成他的习惯,锻炼他的思想,并激发他的感情和情绪。杜威的言论反映出教育是文化与人的互动影响的思想。一切为人的发展服务,是任何一种教育的出发点,也是任何一种教育的落脚点。成人教育共同体是以促进成人的发展为出发点和中心,围绕着激发和调动成人的学习主动性、积极性、创造性,提升成人的整体素质开展的,以实现成人的自由全面发展为终极目的。这是一种主体观念,即成人是社会发展中的主体要素,也是一种价值取向,即强调尊重人、理解人、关心人、激励人、发展人。它为成人提供多样化的学习途径,使成人进行有效学习,既符合人性,满足成人的学习需求,也体现对人的尊重,特别是为弱势群体提供的平等的学习机会,更突出了对人的关怀。

成人教育的实质就是人的终身发展的教育,其目标仍是提高全体民众的全面素质,其内容则按照成人需要加以设计。因此,成人教育是个体通向充分、自由和全面发展的桥梁,是最能满足人的充分、自由和全面发展需要的一种教育形态。成人教育是成人不断自我学习、自我更新、自我完善和自我超越的工具。倡导以人为本的价值是新时期成人教育固有属性的回归,只有人的素质得到提高,只有人首先得到自身解放和发展,才能通过人的实

第二章　成人教育共同体的理论诠释

践活动推动社会发展。社会发展要以人的发展为前提，以提高人的素质为基础。成人教育的目的不是制约、限制人性的全面发展，而恰恰是让每一个人都在身心健康、自我发展方面得到最大程度的满足。成人教育要为社会民众提供广泛而多元的学习机会，其目标不应只是社会经济、政治的发展，其内容也不应只局限于劳动技能的提高和知识的发展，所有能提高个体生活、陶冶个体情操、提高个体素质、完善个体人格、明确个体价值取向以及个体自我实现等有关个体全面发展的内容都应是成人教育的内容和目标。

成人教育共同体是一群有志于成人教育事业的具有共同理想、共同目标的组织、机构和个人，共同为成人的学习和发展出谋、出力而自发构建的组织。它能聚集各种成人教育力量、形成发展成人教育的合力，在充分尊重成人学习权的基础上，为成人提供个性化的服务，使成人获得就业技能，提高生活质量，丰富生活内容。因此，从这个角度来看，彰显教育对人的关怀，正是成人教育共同体构建的核心思想与理念基础。

第三章

成人教育共同体的构建

成人教育共同体从理论形态向操作形态转变的过程可以称为构建。成人教育共同体的构建机制和生态结构,在实践中构建起的四种实践模型中得到体现。

成人教育共同体从理论形态向操作形态转变的过程可以称之为构建。这个过程就是依据成人教育共同体的基本理论，依据成人教育发展的实际，构建独特的实践模型。

第一节　成人教育共同体的模型

　　成人教育共同体模型是在实践中构建起的关于成人教育共同体的结构及其之间的关系。构建模型要解决的是成人教育共同体的结构问题，也就是说成人教育共同体由哪些组成部分构成，这些部分之间又是什么样的关系，如何产生相互作用。

一、成人教育共同体的结构

　　成人教育共同体并不像正式组织那样，形成了直线制、职能制等正规的组织结构。在一个区域内成人教育共同体的总体结构类似于一种生态环境中的分布结构。也就是说在一个区域内，并不适合构建一个刚性管理的直线制或者职能制的成人教育共同体，而是需要根据区域内成人教育机构及其相关机构的特征，构建不同的成人教育共同体。

　　在成人教育共同体的生态结构中，可以划分出不同的成人教育共同体

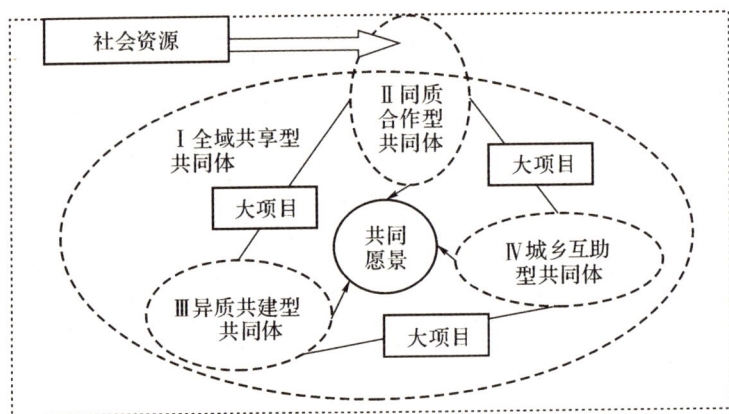

图 3-1　成人教育共同体生态系统

类型。不同类型的成人教育共同体之间又是相互交叉的。比如一所成校，可以同时参加两个甚至两个以上的成人教育共同体，而这些成人教育共同体又可以分属不同的类型。

为了能够将这种复杂的成人教育共同体实践方式进行提炼，有必要对其进行总结和归类。通过前期调查和了解，杭州市成人教育共同体基本可以分为四种类型，分别是：全域共享型共同体、同质合作型共同体、异质共建型共同体、城乡结对互助型共同体。

这四种类型基本能够代表成人教育共同体的基本实践形式。图 3-2 以图示的方式勾勒出了杭州市成人教育共同体的全貌。当然，这仅仅是在逻辑简化基础上勾勒的模型图，它代表的是四种成人教育共同体类型及其关系。

在图 3-2 中，全域共享型、同质合作型、异质共建型、城乡互助型四种成人教育共同体都围绕着成人教育共同体这一核心，它们之间是逻辑关系，而不是实践关系，也就是说成人教育共同体在逻辑上可以分为这四种成人教育共同体的具体类型。四种成人教育共同体之间的关系却是实践关系，就是说四种成人教育共同体之间是发生实际关系的，并且彼此之间也是相互联系、不可分割的。

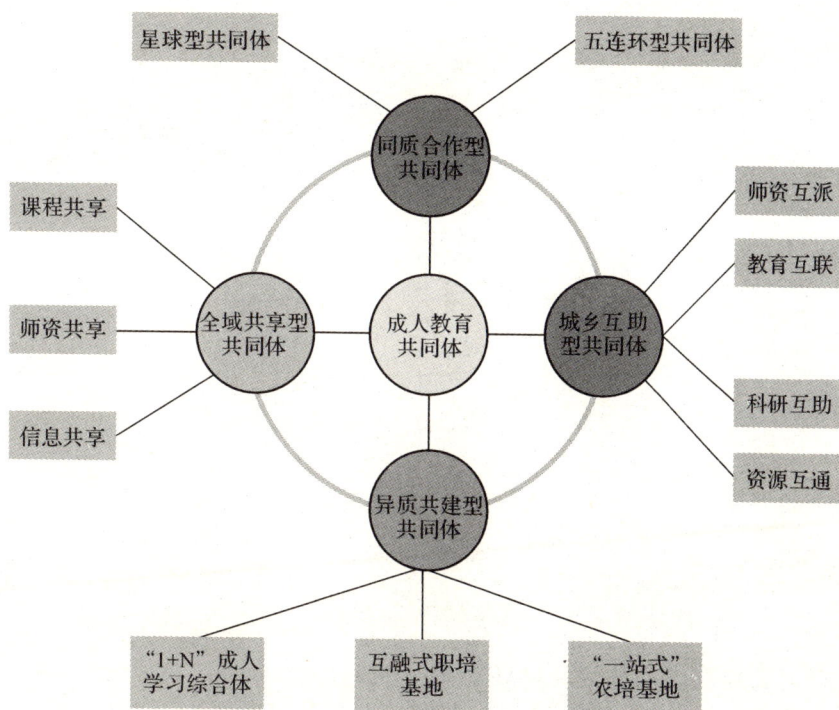

图 3-2　杭州市成人教育共同体模型

二、成人教育共同体的四种类型

在了解成人教育共同体的总体结构的基础上，现在对每一种类型的成人教育共同体进行解析。

（一）全域共享型共同体

全域共享型共同体，是以大项目合作（课程、师资、云教育平台）为支柱，在全域范围内实现资源的共建共享的成人教育共同体。全域共享型共同体最突出的特征是它的全域性，所谓全域性是指共同体覆盖的空间范围，这里的全域并不限于一个区县市，而是一个开放的概念，或者说是一个动态的概念。全域并没有一个明确的外部边界，或者说突破一般的空间范围的限定，是全域共享型共同体全域性最直接的体现。

全域共享型共同体有三大支柱，分别为课程、师资和云教育平台。也就

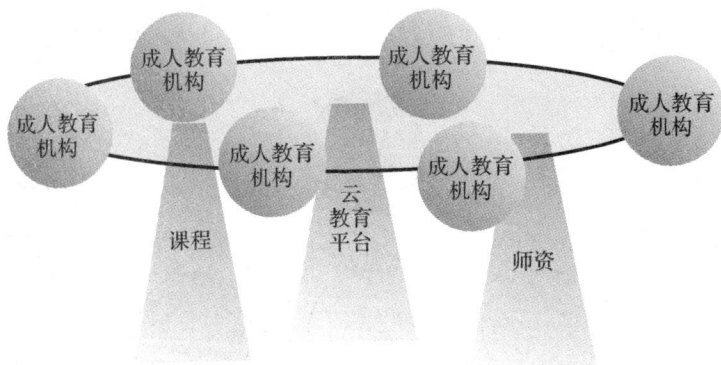

图 3-3　全域共享型成人教育共同体模型

是说全域共享型共同体将在课程、师资的共建共享上发挥主要功能,而云教育平台则是全域共享型共同体实现功能的依托。

(二)同质合作型成人教育共同体

同质合作型成人教育共同体是由一定区域内的成人教育机构,通过项目合作,建立合作组织,为了促进成人教育机构共同发展而建立的成人教育共同体。同质合作型共同体最大的特点在于其同质性,也就是说组成共同体的成员单位都属于成人教育系统。其次,同质合作型成人教育共同体还具有一定的地域性特征,也就是说同质合作型共同体一般分布在一定地域范围内,一方面是便于成人教育机构之间的沟通交流与合作,另一方面,只有在一定地域范围内,成人教育机构才具有较强的同质性,更容易结成同质成人教育共同体。

同质合作型成人教育共同体的合作内容比较广泛,在模型中很难列举。但是,在同质合作型共同体中,各成员单位均需要有特色教育培训项目是其一个基本特征。在同质合作型共同体中,特色教育培训项目是必不可少的,共同体的活动也以这些特色教育培训项目的共建共享为主要内容。

在本书中,将以两种同质合作型共同体模式为例深入剖析同质合作型共同体的运行情况。这两种同质合作型共同体分别是:星球型共同体和五连环型共同体。两种共同体结构虽然相似却有所区别,但都属于同质成人

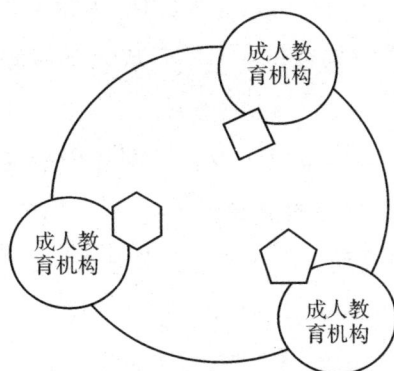

图 3-4　同质合作型成人教育共同体模型

教育机构组成的成人教育共同体。

（三）异质共建型成人教育共同体

异质共建型共同体，是指成人教育机构与不同类型的机构（其他行政事业单位、企业、各类机构），在一定的区域内围绕基本文化生活需要、职业技能培训的需要、农业技能培训的需要以及多元学习的需要，在契约的规范下，建立一定的组织，合建与共享成人教育资源的成人教育联盟。

异质共建型共同体的主要特征在于成员之间的异质性，是成人教育共同体跨越了系统范围，与成人教育系统之外的各种社会机构开展合作、整合资源、实现共建共享的有益实践形式。

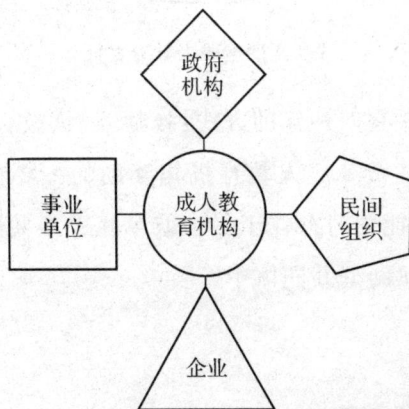

图 3-5　异质共建型成人教育共同体模型

异质共建型共同体的实践模式非常多样,因成员单位、共同体活动内容的不同可以划分为这样一些类型:"1+N"成人学习综合体、互融式职培基地、"一站式"农培基地。

异质共建型共同体是所有成人教育共同体中最为复杂多样的,从模型建构上来说,很难有一个统一的模型。之所以将其列为一类,主要是因为这类共同体的成员单位构成均具有多样性的特征。

(四)城乡互助型成人教育共同体

城乡互助型成人教育共同体,是资源互补的城区成人教育机构与农村成人教育机构通过结对的方式,实现资源的共建共享而建立起来的成人教育共同体。城乡成人教育机构在资源上具有显著的互补性,通过结对共建实现共同发展对促进城乡成人教育均衡发展具有重要的现实意义。

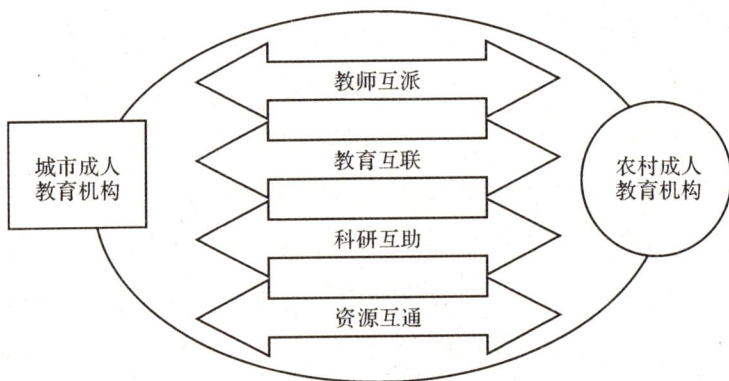

图 3-6　城乡互助型成人教育共同体模型

城乡互助型共同体有四种互助方式:教师互派、教育互联、科研互助、资源互通。这四种方式是城乡成人教育机构互助的主要方式,但不包括所有方式,同时这些方式可能同时存在于一个城乡互助型共同体之中,也可能分别存在于不同的城乡互助型共同体中。

第二节　成人教育共同体的基础

建立成人教育共同体的目标是为了共建共享教育资源，说到底是为了实现组织间的合作。"合作"是人类社会互动关系中最为重要的类型之一。很多人都会凭直觉作出判断：与其他人合作会让自己得到好处。虽然合作对于个人、组织来说都非常重要，但是，合作关系的建立却并没有想象的那么简单。无论是人与人之间建立合作关系，还是组织与组织之间建立合作关系，都是看似简单实质却颇为复杂的事情。

基础，本意为建筑物的根基，成人教育共同体的构建犹如筑造一座建筑，自然离不开它的根基。成人教育共同体得以构建至少需要四个方面的基础：契约、组织、资源、心灵契约。心灵契约是维系共同体运行的前提，而组织的建立则标志着共同体的真正形成，资源则是共同体赖于存在的根本，成人教育共同体成人教育机构及其他相关机构达成合作契约是建立成人教育共同体的保证。

一、成人教育共同体心理基础

心理基础是成人教育共同体区别于其他成人教育领域合作方式的重要特征。心理基础是组织内部成员之间在心理上形成的契约，这种不可见的契约虽然没有明确不变的内容，但其作用却是不可忽视的。成人教育共同体得以建成并运行，很大程度上不是依赖一种成文的章程及规约，而是依赖成员间对共同愿景的认可，并乐于为了实现这一共同愿景而付诸行动。

成人教育共同体的心理基础就是在成员单位间形成一种隐性的契约，这种契约并没有成文或者口头的表现，而是内含在成人单位的行为及思想之中。这种隐性的契约也就是心灵契约，这是成人教育共同体各成员单位能够凝聚在一起的心理基础。

心灵契约研究关注的是管理中的心理因素。其实在心灵契约研究兴起之前，就已经有人开始关注组织中的心理因素对生产效率的影响问题了。最为典型的就是霍桑效应的发现。

案例 3-1　霍桑实验

1924 年西方电子公司在伊利诺伊州的霍桑工厂做了一个实验，这个实验在于找出是否有"疲劳"之外会降低生产力的因素。工人被分成两组：一组为控制组，所有工人都往环境不变的情况下持续工作，一组为实验组。实验本身是为了观察工作环境有各种改变时工人的反应，并比较两组的生产力。霍桑实验的工作环境改变是改变照明亮度，结果是，亮度增加，生产力增加，但亮度逐渐下降，生产力仍然继续升高。更奇异的是，控制组的照明其实一点都没改变，但生产力仍会上升。甚至，实验人员延长工时或减少休息时间，生产力也会上升。许多工人都比实验前更满意自己的工作。

1927 年梅约应邀去解释这些不合常理的实验结果，也被请求进一步做相关实验来验证。例如休息时间自定，或实验组加薪、控制组不加薪来相比。很有趣的是，实验组与控制组的产能都提升了。

梅约通过对霍桑实验的研究，发现了如下规律：

1. 人是社会的人，工人工作不只是为了追求金钱收入，他们还有社会及心理方面的需求，包括友情、安全感、归属感和尊重等。

2. 组织中存在大量的非正式群体，他们对生产效率高低产生重要的作用，并且与正式组织有着紧密的联系。

3. 领导者应具备综合管理技能，其中，人际关系能力至关重要。领导者不应只是注重规则管理的状况，应当更新观念，通过提高员工需求满足度来刺激他们的工作积极性，以达到提高产量的目的。

梅约因此成为管理学中人际关系学派的代表人物，其研究对后来的组织管理产生了重要影响。

心灵契约概念的提出是 20 世纪 60 年代，直到 20 世纪 80 年代，心灵契约的研究才真正兴起。心灵契约是与成文契约或口头契约相对应的一种契约形式。有学者认为："心灵契约是雇佣双方对雇佣关系中彼此对对方应付出什么同时又应得到什么的一种主观心理约定,约定的核心成分是雇佣双方内隐的不成文的相互责任。"[①]

(一)心灵契约对成人教育共同体的价值

人们之所以研究心灵契约,因为在管理中心灵契约对员工能够产生非常大的影响。心灵契约对成人教育共同体具有重要的价值,主要体现在两个方面:一是能够减少组织成员的不安全感;二是能够规范组织成员的行为。

1.减少组织成员的不安全感

从马斯洛的需要层次理论来看,安全需要是人们的基本需要之一。当一个人进入一个组织之后,他希望自己能够得到组织的庇护,获得一份稳定的工作和收入,寻求一种稳定的心理状态。契约能够给个人提供强烈的安全感,也正因此,契约才成为组织建立和维持的基本条件。然而,成文契约毕竟不可能涉及雇佣关系的方方面面,而心灵契约可以填补成文契约留下的空白。

对成人教育共同体而言,共同体的章程和项目合作协议都成为契约,这些契约能够保证成人教育共同体成员获得一定的安全感。但是,成人教育共同体并非法人组织,并不能承担法律责任,因此,其章程的约束力非常有限。在这种情况下,成员对组织的信任就显得尤为重要。因此,成人教育共同体要让每一个成员都有充分的安全感,必须在组织与成员之间建立强大的心理契约,依靠心理契约的力量来为成员提供安全感。

2.规范组织成员的行为

雇员以组织对自己所负的责任来衡量自己对待组织的每一行为,以其作为调节自己行为的标准。在雇员与组织不断的互动中,逐渐形成的心灵契约让雇员知道在什么样的条件下应该做出什么样的行为,并会获得组织相应的回报。正是这种潜在的力量在不断调整、规范、约束组织成员的个人行为。

---

① 陈加洲,凌文辁,方俐洛.组织中的心理契约[J].管理科学学报,2001,(2):51—56.

成人教育共同体规范成员行为的有力措施很少。在具体的运行过程中,真正起到作用的其实是各成员单位的自觉。这种自觉正是来自于成员单位的心灵契约。当一种积极向上的心灵契约建立后,各成员能够按照心灵契约的要求积极展开工作,为成人教育共同体的发展贡献力量。

(二)成人教育共同体心灵契约的主要内容

心灵契约的内容是心灵契约的核心,一个组织究竟建立了什么样的心灵契约,主要看其心灵契约的内容。关于心灵契约的内容可以从两个维度来探讨:一是组织对其成员的期望;二是成员对组织的期望。

1.成人教育共同体的组织期望

在成人教育共同体中,仅仅依靠成文契约或者口头契约的力量无法实现共同体的目标。无论是成文契约还是口头契约,达成契约的双方或多方均已经将权利和责任在契约中尽可能清楚地进行了表达,但是,这些权利与责任并不能完全表达成人教育共同体对组织成员的期望。成人教育共同体对成员的期望是多方面的,当然这个成人教育共同体并不是一个具有人格特征的存在,更多的时候是组织的管理者代表了组织的期望。成人教育共同体成员的期望主要有以下内容:忠诚,无私支持,服从,保守组织机密,具有组织公民行为,胜任,稳定,规范化,守纪律,接受地位变化,保护共同体声誉,体现组织形象,好成员,支持领导,积极与其他成员单位合作,态度积极,有集体意识,拥有专业技能,在共同体中至少两年,离开共同体前预先通知,等等。这些期望都很难在成文契约或者口头契约中表现,因此大多转换为心灵契约。而且,在共同体活动的实践中,人们并不能准确预知合作过程中需要协调的方方面面的事务,那些契约中没有约束的内容是如此之多,如果仅仅依靠契约的力量,共同体将很快沦为一种形式上的架构,无法实现其内在价值。因此,成人教育共同体的组织期望其实是不断变化并不断增加的。

2.成人教育共同体的个体期望

成人教育共同体成员对组织的期望究竟有哪些?这是建立成人教育共同体心灵契约必须回答的问题。显然,成人教育共同体成员与成人教育共同体之间并不是雇佣关系,因此,对薪资、绩效、职务、培训,等等,并没有类似个人对组织的期望。但是,这并不是说成人教育共同体成员没有对组织的期望,甚至可能情况是,成人教育共同体成员对组织的期望更为深入与复杂。成员对成人教育共同体的期望更加个性化,不同成员之间的差异也特别显著。

成员对共同体的期望大致有以下内容:建立更多的合作关系,迅速提升单位的发展能力,有促进单位发展的机会,组织活动稳定,符合单位发展规划,专业对口,决策协商,及时反馈,负责任,协作,共同体活动内容充实,参与社会联系,人事政策公平,高度理解,工作有价值,委以责任,给成员单位自主权,等等。

二、成人教育共同体的组织基础

究其本质,成人教育共同体还是一种组织,或者说是由组织组成的组织。各成人教育机构及相关机构,为了一定的目标,互相协作结合而成了成人教育共同体。为了能够协调各单位的关系,统一制定行动方案等,就需要实施组织管理。因此,成人教育共同体的构建离不开组织基础。

(一)成人教育共同体的组织目标

成人教育共同体能够将各成员单位联结在一起,不是依靠行政权力要求各家单位加入这一组织,也不是依靠成人教育共同体中某一个核心人物的人格魅力,更不是一种传统习惯,而是依靠它的目标。

肯尼斯·博尔丁认为:"任何一个组织都是为实现某种目标而创造出来的。常常,组织因为无法实现这一目标而难以生存下去。"①成人教育共同体的产生同样源于对共同目标的追求。目标对成人教育共同体而言具有特别重要的意义,可以说成人教育共同体就是为了实现它的目标而存在的。目标是成人教育共同体的灵魂,成人教育共同体内部的一切活动都应围绕目标来安排。成人教育共同体存在的价值与意义,完全取决于其目标的实现程度。

---

① D·S·皮尤.组织管理学名家思想荟萃[M].北京:中国社会科学出版社,1986:209.

所谓组织目标,就是"组织努力争取达到和所希望的未来状态"①。成人教育共同体的目标可以分为两类:一类是正式的、抽象的、长期的目标,这也是成人教育共同体区别于其他组织的重要标志;一类是在实际工作中,具体的可操作的目标。

成人教育共同体正式的、抽象的、长期的目标,是其对其使命的表述。成人教育共同体并不是一个营利性组织,因此与企业的持续盈利目标完全不同。

(二)成人教育共同体的组织特征

成人教育共同体属于"有机式组织",也可以称之为"适应性组织",它与一般的正式组织形成了鲜明的对照:它是低复杂性、低正规化和分权化的组织形式,具有松散灵活、高度适应性的特点。

当然不同类型的成人教育共同体的组织特征可能存在一定的差异,比如说全域共享型成人教育共同体松散性的组织特征更加明显,而同质合作型成人教育共同体的紧密性更强,学校之间的活动频率也会更高。这种组织特征是由组织成员与组织活动目标及活动方式共同决定的。

(三)成人教育共同体的组织结构

组织结构,是"组织内部正式规定的、比较稳定的相互关系形式。"②一般认为,组织结构具有三种形式:直线式职能制结构形式、矩阵组织结构形式、事业部制组织形式。组织结构是组织的全体成员为实现组织目标,在管理工作中进行分工协作,在职务范围、责任、权利方面所形成的结构体系。因此,在设计组织结构的时候,应当以有利于实现组织目标为前提。成人教育共同体的组织结构设计应当更趋向于矩阵组织结构形式。

在矩阵组织结构中,成人教育共同体的成员单位的人力或物力资源,按项目划分的小组结合成一个矩阵。简单地说,就是将纵向单位(成员单位)来的人力、物力资源分派到横向单位(项目小组)以实现成人教育共同体目标。

---

① 于显洋.组织社会学[M].北京:中国人民大学出版社,2009:112.
② 于显洋.组织社会学[M].北京:中国人民大学出版社,2009:128.

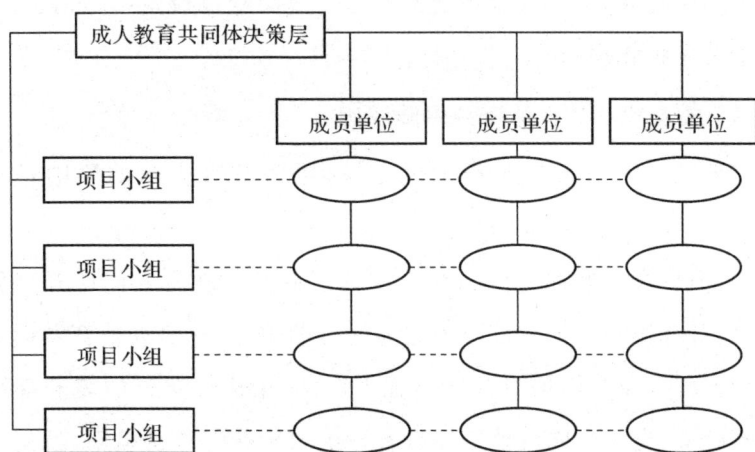

图 3-7　成人教育共同体组织结构

三、成人教育共同体的资源基础

（一）资源对成人教育共同体的重要性

成人教育共同体的建立从某种意义上说，就是为了解决资源的问题。但是，成人教育共同体并不能凭空创造出新资源，而是通过对既有的成人教育资源及潜在的成人教育资源进行整合、挖掘，按照合建共享的理念来实现资源的活力。因此，成人教育共同体的构建离不开一定的资源基础。

（二）成人教育共同体资源获得模式

成人教育共同体的资源获得模式应为加盟奉献模式。也就是说，成人教育共同体的资源应由各成员单位奉献而来，离开了成员单位的奉献，成人教育共同体将无法获得资源。

一个机构若不懂得在成人教育共同体中主动奉献，总是让成人教育共同体为了它的发展而付出，即便这个机构具有的资源很多，也会成为成人教育共同体发展的阻力。在成人教育共同体中，各成员之间是奉献关系，每个成员单位都应该更关心其能够为其他成员单位做出什么样的贡献。虽然看起来这种资源获得模式具有理想主义的色彩，甚至很多人会认为这种模式很难在现实中存在,但是如果不能实现这种资源获得模式,成人教育共同体就不能充分发挥作用。

(三)成人教育共同体资源保障原则

为了保证这一资源获得模式的实现,以下几个方面的原则具有重要意义。

第一,项目合作参加者成为评价主体。在成人教育共同体开展的合作项目中,项目合作的参加者都应当成为评价的主体,对成人教育共同体成员单位进行评价。在合作项目开展过程中,每一个成员单位的表现都被作为被评价的对象,当一个成员单位在所有评价中均获得不良结果,就应当考虑让其退出成人教育共同体。

第二,"绝不让雷锋吃亏"。这是华为公司企业文化中的一个准则,它同样适用于成人教育共同体。成人教育共同体应对组织成员单位作出郑重承诺,不能让那些为共同体的发展作出重要贡献的单位吃亏,要让他们的付出得到高额的回报。

第三,宣传共同体的荣誉和成就,而不是某一个组织成员单位的成就。要让每一个成员单位乐于付出自己的资源,需要一种氛围,一种组织依靠团队力量获得持续成功的氛围。只有成人教育共同体不断获得成功,并不断对自身成功进行肯定,成员单位才更乐于为成人教育共同体做出奉献。

四、成人教育共同体中的契约

成人教育共同体是建立在契约合作基础上的成人教育机构及其他机构组成的联盟。因此,契约是成人教育共同体的前提基础。契约主要是各种合作协议以及共同体的章程。通过建立契约,成人教育共同体可以有章可循,明确各成员单位的权利与责任。

(一)契约对成人教育共同体的意义

成人教育共同体建立的一切基础在于契约二字,没有契约就没有成人教育共同体的存在。因此,有必要对契约的本质做一番探讨,进而理解成人教育共同体构建的关键所在。

契约（Contract）在现代汉语中，一般用"合同"代替，特别是在法律条文当中，"契约"已经渐渐彻底被"合同"所取代。"把'合同'作为'契约'的一个同义词或近义词来使用始于 1950 年，经过五年多两名通用的过渡期之后，契约作为我国立法上的一个术语终于完全消失。"①

虽然，在法律条文中契约一词已经逐渐被合同所替代，但是，并不等同于契约这个词丧失了生命力。

早在我国西周时期，人们就已经创造了关于动产关系的契约，称之为"约"或"约剂"。到战国时期，契约已经成为广泛使用的信用标志。《魏书·鹿悆传》："还军，于路与梁话誓盟。契约既固，未旬，综果降。"首次将契约作为合成词使用。

在狭义上，"契约为一种合意，依此合意，一人或数人对于其他一人或数人负担给付、作为或不作为的债务"②。现代社会的契约内涵已被广义化：在经济层面，它是社会公认的让渡产权的方式，是创设权利义务关系的途径；在政治层面，它是联结政府与公民的纽带，是公共权力合法性的来源；在伦理层面，它是个人或团体信守承诺的道德体现。契约正逐步成为调整社会关系的根本行为规范。

在社会学中，合作被看作社会互动关系的重要类型之一。根据合作的动机、形式的不同，英国社会学家尼斯比特将合作类型进行了划分，他认为合作类型可以分为四种：自发合作或互相援助（直接产生于某种情境下的实际需要和可能）；传统合作（原来自发的合作，逐步变为稳定的社会习惯，因此合作被制度化了）；指导合作（双方在具有权威地位的第三方的管理和协调下进行合作）；契约合作（个人或群体之间正式同意以某种方式进行合作，并对彼此的职责进行清楚的界定）。

这四种合作类型都非常重要，但是，在现代社会中，指导合作与契约合

① 贺卫方."契约与合同"的辨析[J].法学研究,1992,(2):99.
② 李浩培,吴传颐,孔鸣岗.拿破仑法典[M].北京:商务印书馆.1979:148.

作成为人们最常用到的合作类型。人们几乎每一天都离不开这两种合作，军官指挥士兵协力完成一项军事行动，教练指导球员完成一次进攻，等等，这些都是指导合作；两个年轻人决定一起开办一个公司，将某一个想法付诸实践，三个农民决定一起开垦一片土地播种庄稼，等等，这些都是契约合作。

当契约合作这种形式在社会生活的各个领域普遍存在的时候，人们已经发觉很难离开这种合作关系。究其本质，在于契约是构成人类合作关系的重要基础。

人们知道合作的意义，但又必须面临合作的风险，因此，寻找一种能够有效促进人们之间建立合作关系的策略就显得尤为重要。成人教育共同体的构建，就是要在多个机构之间建立广泛、持久而又深入的合作关系。为了建立这种合作关系，必须从合作得以实现的根本机制上探寻构建成人教育共同体的策略。

契约合作是个人或群体之间较为正式的合作形式，以合作双方或多方的同意为基础，对合作的方式进行明确的约定，彼此的权利和义务在契约中作出清楚的界定。

成人教育共同体产生于当前成人教育发展的特定情境之下，具有实际的需要也具有结成共同体的可能。在成人教育共同体诞生之初，具备一定的自发合作的性质。不过这种自发的合作缺乏稳定性，容易受到各种影响。因此，成人教育共同体的构建需要建立在一定的契约基础上。

（二）成人教育共同体中的契约精神

英国法学家梅因在其著作《古代法》中写道："进步社会的运动，到此处为止，是一个从身份到契约的运动。"这一论断是关于契约精神最为经典的阐述。所谓契约精神是指存在于商品经济社会，而由此派生的契约关系与内在的原则，是一种自由、平等、守信的精神。

契约意味着自由。契约自由内含缔约自由、确定契约内容自由、选择契约相对人自由和缔约方式自由。

契约意味着平等。缔结契约是以主体地位平等为前提的，缔约双方地位平等，既不允许当事人把自己提升为他人的主人，也反对把自己贬低为他人的奴仆。

契约意味着法治。法治所内含的人们对正义法的渴望、对至理法的认同、对至威之法的服从、对至信之法的信赖,正是源于契约当事人对公平利益的期待、对合理条款的认可、对合同义务的履行、对有效合同的信守的契约精神。

契约意味着守信。研究社会发展史和社会学的学者们将人类冲破血缘与家族纽带,建立一种平等的权利义务关系的社会演进称为社会发展史上的一大转折点。联系这种新型社会人与人之间关系的纽带便是契约。人际关系、社会关系的契约化意味着法治社会取代家族主义社会的大变局,意味着人的自由和人的解放。

(三)成人教育共同体契约关系的形成

成人教育共同体在一定的物质基础上,需要建立一系列的制度才能真正得以构建。如果说物质基础是构建成人教育共同体的原材料,那么制度则是构建成人教育共同体的规划图。在一定的制度架构下,成人教育共同体才能确认存在的目标、找到存在的意义并有序开展各项具体的活动。成人教育共同体制度基础与其他组织的制度基础具有显著的不同。在自愿、平等、开放等原则下建立的成人教育共同体,其制度并不遵从自上而下的制定及执行逻辑,而是遵循平等协商、共同一致原则的契约逻辑。在成人教育共同体中,所有的制度都强调其契约属性,离开了达成契约双方或多方的认可,任何制度在共同体中都难以获得生命力。

章程是组织、社团经特定的程序制定的关于组织规程和办事规则的法规文书,是一种根本性的规章制度。章程用以对本组织的性质、宗旨、任务、机构、人员构成、内部关系、职责范围、权利义务、活动规则、纪律措施等做出明确规定。对任何一个组织而言,章程是其组织活动的基本准则,如同灵魂一般的存在。

章程具有法定性、真实性、自治性和公开性四个基本特征。章程的法定性表现为章程的主要内容、修改程序、效力都是由法律强制规定的。章程的真实性则是强调章程所记载的内容必须是客观存在、与实际相符的事实。

章程的自治性则说明章程由组织自主制定、执行，效力仅限于组织及相关当事人，不具备普遍约束力。章程的公开性首先是要面向组织内部成员公开，在特定要求下，组织的章程要向社会公开。

对于一般组织而言，章程并不一定是契约，可能是自上而下制定的规章制度等，并不一定具备组织成员的认同。

章程的本质是契约，其制定过程应当遵循契约形成的基本原则和规律。然而，章程又是一种较为特殊的契约，具有多边性和较强的稳定性。成人教育共同体章程的制定应当遵循一定的步骤，在每一个步骤中都应按照相对应的原则行事。

成人教育共同体作为一种契约，应像一般契约那样具备自己的构成要件，否则成人教育共同体契约即不得成立。但是，同一般契约的构成要件不同，成人教育共同体契约的构成除了应当具备一般契约所应具备的构成要件之外，还应当具备成人教育共同体的特殊构成要件。总的说来，成人教育共同体契约的有效要件实际上包括成员的非单一性、成员对共同体设立契约的同意以及标的三个构成要件。

第三节　成人教育共同体的机制

如果说模式的构建为成人教育共同体提供了一个骨架，基础的确定则为成人教育共同体提供了赖以存在的依托，但是，这些并不能保证成人教育共同体功能的发挥。作为成人教育机构及其他相关机构的联合体，成人教育共同体功能的发挥有赖于一些核心机制的建立。

机制问题是成人教育共同体构建的一个重要方面。这里的机制就是指成人教育共同体内部组织和运行变化的规律。也就是说，通过对机制的建立，可以明确成人教育共同体内部各成员单位之间的动态关系。理解机制这个概念，最主要的是把握两点：一是事物各个部分的存在是机制存在的前提，因为事物有各个部分的存在，就有一个如何协调各个部分之间的关系问题。二是协调各个部分之间的关系一定是一种具体的运行方式;机制是以一定的运作方式把事物的各个部分联系起来,使它们协调运行而发挥作用的。

成人教育共同体的机制可以从三个方面来考察:一是合建;二是共享;三是凝聚。合建机制解决成人教育共同体成员单位如何来共同完成一项事业的协调问题;共享机制解决成人教育共同体获得资源后的利益分配问题;凝聚机制则是促进成人教育共同体成员单位间良好伙伴关系的建立,起到凝聚人心的持续作用。

一、合建机制——成人教育共同体的根本机制

合建机制是成人教育共同体的根本机制,合建机制包括成人教育共同体的决策机制与沟通机制。

合建,就是联合建设的意思,合建机制则是各成员单位就如何协调成人教育共同体内部关系而形成的一些机制。合建机制包括决策和沟通两个方面。

只有科学合理的决策机制才能保证成人教育共同体成员单位之间的利益得到均衡,制定的实施方案才切实可行。因此,决策机制是合建机制的关键。同时,任何一种决策都很难做到完美无缺,在实际的决策执行过程中,发现行动方案出现问题就需要及时沟通,妥善处理。因此,沟通机制也是成人教育共同体合建机制的重要内容。

(一)成人教育共同体的合建决策机制

由于共同体成员单位都是自由而平等的主体,因此,共同体的决策机制具有一定的特殊性。一般来说,成人教育共同的决策制定过程应该遵循以下几个原则:(1)完全一致规则。完全一致的规则是指所有决策成员都完全同意某一个备选方案。在这种完全集体决策的方式下,任何共同体成员都有一票否决权。理论上来说,一票否决机制可以满足所有投票人的利益偏好,如果决策中任何一个人的利益受到损害,这项决议就无法通过。(2)意思一致规则。当共同体就某项方案作出决定的时候,如果出席会议的成员

方没有正式提出反对,那么就视为已经达到意思一致。意思一致与完全一致不同,没有出席会议或出席会议但保持沉默的都不构成正式反对,不能阻碍决定的通过。(3)协商一致规则。经过协商而寻求一种使所有决策人员都基本满意的备选方案。(4)多数票规则。一项议案或决议需要一定比例以上投票人赞成才能通过的一种投票规则。

成人教育共同体获得资源的目的是利用这些资源实现共同目标,帮助成员单位实现自身目标。对资源的控制需要建立一套机制,保证组织资源利用的效率和效能。决策机制是成人教育共同体对有关事项作出决定的方式和程序。

成人教育共同体的决策类型:(1)政策决策。政策决策解决组织发展的关键问题,直接决定组织的发展目标,以及如何实现这一目标。(2)部署决策。在政策决策基础上,制定关于组织资源有效利用和实施的决定,包括人事安排及预算制定。(3)协作决策。协作决策是成人教育共同体组织运转过程中最重要的一环,它的目的在于对成人教育共同体进行整合,让组织内部成员单位和个人的行动尽可能符合成人教育共同体的要求。缺少协作决策的组织无法实现目标,保证组织效率。通常组织协作决策的方式有三种:强制,即对不协调的行为进行处罚;诱导,即对有价值的行为进行奖励;治疗,即当前两种方式失效的时候,对成员单独进行咨询和治疗。

(二)成人教育共同体的合建沟通机制

沟通对成人教育共同体的心灵契约来说是非常重要的。心灵契约的建立过程本身就是一个沟通的过程,成员单位正是通过不断的沟通,来了解对方对自己的期望,并表达自己的期望。在成人教育共同体中,如果成员单位之间没有顺畅的沟通,不能协调彼此的工作步骤,合作的一方可能会被误解,甚至破坏原本已经建立的心灵契约。

学习沟通技巧的目的在于提高组织内传递信息的确定性。在成人教育共同体中,信息的不确定性越低,成员单位的工作满意度就会越高。信息的失真、模棱两可、前后矛盾等情况会增加信息的不确定性,对成员单位的工作满意度产生不利的影响。根据组织行为学"期望理论"①的观点，个体付出努力的程度取决于其对"努力—绩效"、"绩效—报酬"以及"报酬—目标满足"三者之间关系的知觉。如果个体得不到必要的信息使其认为三者之间的相关性很高，则其动机水平就会降低。对成人教育共同体而言，这一理论同样是成立的。成员单位为共同体付出努力的程度其实取决于心灵契约是否成立。如果没有一定的信息使其确信心灵契约是始终成立的，那么，成人教育共同体的成员单位必然会降低其动机水平。

沟通过程其实就是一个信息传递的过程。在沟通发生之前，必须存在一个需要传递的信息。它在信息发送者与信息接受者之间传送。信息首先需要被编码转化为信号的形式，然后通过一定的媒介物传送给信息接受者，然后由信息接受者对信号进行解码，这样一个信息的意义才从一个人那里传给了另一个人。这个过程可以用一个模式来表示，见图 3-8。

图 3-8　沟通过程模型

这一模型也适用于成人教育共同体的沟通过程。在成人教育共同体中，每一个成员单位都是一个信息源。他们需要将本单位的想法进行编码从而生成信息，然后根据信息的性质选择合适的通道，再将信息传递给信息指向的客体，也就是其他共同体成员单位。信息接受者会对传递来的信号进行解码，获得信息的意义，并根据情况对信息源进行反馈，从而完成沟通的整个过程。

沟通对成人教育共同体建立心灵契约有重要意义，那么，成人教育共同体该通过哪些方式使组织内的沟通更加通畅？

影响沟通的因素中，通道的作用非常明显。所谓通道其实是信息传递

---

① 维克多·弗鲁姆提出的期望理论，是迄今为止有关员工激励方面最广为接受的一种解释。期望理论认为，个体以某种特定方式采取活动的强度，取决于个体对该行为能给自己带来某种结果的期望程度，以及这种结果的吸引力。

的具体方式。在成人教育共同体的沟通中,大致存在以下几类通道:(1)正式书面文字材料,即成员之间互发的信函、活动通知、宣传材料等。(2)电子邮件,即成员之间通过网络相互沟通。(3)录音录像,即通过多媒体技术将沟通信息转化为录音或录像。(4)在线讨论,即主要通过即时聊天工具如QQ、MSN等进行沟通。(5)电话交谈,即成员之间互通电话。(6)现场演说,即在召开会议的时候,由某个成员演说等。(7)面对面交谈,即成员见面互相交流。

这些沟通通道具有明显的差异,每种通道能够传递的信息量是不一样的。按照通道信息传递丰富性排列,这些通道分布如下:

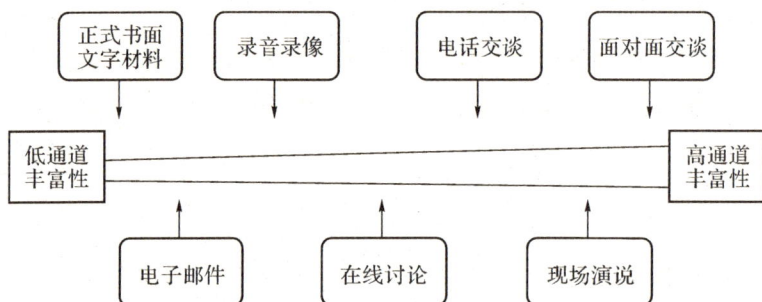

图 3-9　成人教育共同体信息沟通通道

二、共享机制——成人教育共同体的灵魂所在

共享是成人教育共同体的灵魂所在。为了能够让共享落在实处,必须配套建立完备的共享机制。共享机制是成人教育共同体的关键机制,是促进成人教育共同体的成员单位将本单位开发的教育项目或者拥有的教育资源共享给共同体的机制。共享机制包括两大类型:一是对共享行为的激励机制,二是对破坏共享行为的制约机制。

(一)成人教育共同体的共享激励

要让每一个成人教育共同体的成员单位都具有共享意识和共享行为,那就离不开激励。激励是任何一个组织对其成员进行管理都离不开的一种手段,在成人教育共同体中,为了保障共享的实现,激励措施可以从以下六个方面进行设计。

1.纳入具有共享意识的成员单位

要保证成人教育共同体成员能够愿意将成果共享,首先要做的就是在他们加入成人教育共同体之前对其进行一番考察。一个机构是否愿意承担在共同体中的责任,应当是评价其可否加入成人教育共同体的首要标准。

2.发展信任关系,共享能够得到回报

很多时候共享并不能依靠制度来约束,而是要通过一种文化的力量来促进共同体成员愿意为组织提供资源,让其他单位共享自己的各种成果。这也是成人教育共同体心灵契约所要达到的目标。建立心灵契约的目标也就是能够促进成员单位的共享行为。

3.实现多层激励

成人教育共同体为了鼓励成员单位的共享行为,应该实施至少三层次的激励方法,针对不同层次设计出不同的激励方法。在成员单位领导层,必须让成员单位的上级部门知道共享的迫切性,向他们表明参与成人教育共同体潜在的效果。在成员单位管理层,则必须表明共享给他们带来的益处。在成员单位的员工层,成人教育共同体要有能够直接激励成员单位员工个人的激励措施,因为任何共享都是建立在个人参与的基础上的,共享离不开个人的参与。

4.共同体的一致承认

成人教育共同体的激励措施更多的是一种文化激励,而不能依靠物质奖励。我们始终坚持寻找维持并加强这种文化的方法,为达到这个目的,成人教育共同体可以建立多个表扬计划,对那些积极参与共享的单位或者个人给予足够高的荣誉。

5.为共享而组织

人们通常与熟悉的人共享自己的成果,因此,成人教育共同体要使用各种激励手段鼓励不同区域间的成人教育机构之间的共享,或者,组织不同单位的人参与各种活动,增进彼此的了解,从而增加共享的范围。

6.创建方便共享的平台

共享需要一个支撑,这个支撑就是一个活动的平台。通过建立 QQ 群、信息共享网站等技术可以让不同区域的成员单位增加接触的机会。可以说这是一种虚拟的共同体,在这个虚拟的共同体中,往往能够生成一些有助于共同体实体间共享的行为。

(二)成人教育共同体的共享制约

制约机制对于成人教育共同体而言必不可少。建立制约机制的目的在于威慑可能采取欺骗或机会主义行为的共同体成员。制约机制要发挥作用,必须具备三个前提条件:第一,能够及时发现违约行为;第二,处罚可信且足够严厉;第三,惩罚成本让受害方可以承受。

成人教育共同体为了能够实现共享制约,应该从以下几个方面着手建立一定的规范制度和操作流程,并在实践过程中遵循这些共享制约的原则。这些原则有:

(1)识别退出共同体的原因。无论是退出方还是共同体其他成员,都应该找到某一单位退出共同体的真正原因。这些原因对成人教育共同体的改进具有重要的意义。

(2)制定退出共同体的流程。成员单位退出成人教育共同体不能简单地单方面解除契约,而应当依据共同体章程的规定,制定具体的操作流程,保证退出共同体具有规范的操作流程。

(3)保护利益相关者的利益。一个单位退出成人教育共同体后,可能会影响共同体其他成员的利益,因而必须制定一系列的措施保护利益相关者的利益。

(4)进行充分沟通。推出共同体的决定作出后,学校或其他单位应与共同体其他成员单位进行充分的沟通,阐明退出共同体的理由及为各利益相关者所做的妥善安排,争取各方的理解和支持,保证退出程序的顺利进行。

(5)履行未尽职责。学校或其他单位退出成人教育共同体后,将不再享有原共同体内的权利,但是对于退出共同体前尚未完成的职责或承诺,应当继续履行,直至全部完成。

三、凝聚机制——成人教育共同体的特色创新

凝聚机制是成人教育共同体的特色机制，是促进成人教育共同体的成员单位之间建立密切关系，并能够围绕成人教育共同体的目标而团结一致的机制。

凝聚机制的建立其实就是组织心灵契约的形成和强化。在本书中，关于共同体的心灵契约形成及强化等内容，都会在此做整体讨论，以后各章分析成人教育共同体的具体类型的时候，将不分别做阐释。因为，心灵契约的建立对各种成人教育共同体来说，具有基本一致的规律。

对成人教育共同体而言，凝聚机制的建设更加重要，因为，共同体本身就是一种较为松散的组织形式，制度约束力没有正式组织强烈，给管理带来的空白区域也更大。心灵契约的主观性，决定了它一定是在组织互动过程中逐渐形成、发展、变化和终止的。因此，组织互动过程伴随着心灵契约的形成过程，心灵契约形成过程内在于组织互动过程。组织的互动包括多种层次和多个维度。在互动过程中，以下五个要素对心灵契约的建立具有重要的意义，这五个方面也构成了成人教育共同体凝聚机制的主要内容：

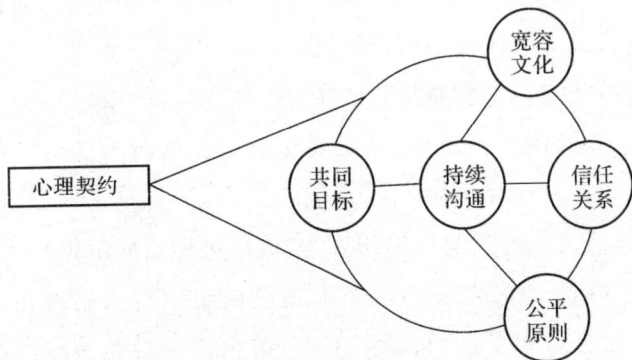

图 3-10　成人教育共同体凝聚机制模型

共同目标，其为心灵契约建立的认识基础，也是先导性因素。

持续沟通，其为心灵契约建立的关键，起到桥梁的作用。

宽容文化、信任关系、公平原则，三者都是心灵契约建立的价值基础，需

要符合这三项基本的价值取向。

共同目标、宽容文化、信任关系、公平原则同处于一个圆上,这是心灵契约的基础,而持续沟通则处于圆心位置,起到桥梁联结的作用,让其他四个要素能够形成一个整体,共同促进心灵契约的形成。

(一)用共同目标激励成员

组织的存在就是为了实现特定的目标,成人教育共同体的存在也同样为了特定的目标。在任何组织里,目标都能够对心灵契约产生重要的影响,正如巴纳德所言:"一个目的如果不能被将要参加组织的人们所接受,是不会激起协作行为的。"[①]

1.组织目标本身就能影响成员的心理契约

成人教育共同体作为组织存在的目标,是整合成人教育资源,促进成人教育发展,更好地满足人民群众日益增长的学习需求。成人教育共同体成员的心灵契约也建立在这样的目标基础之上。

一个组织为了什么目的存在,往往能够影响它的成员构成,以及成员在组织内的行为方式,所谓"物以类聚,人以群分"。比如,军队作为一个组织,其主要目的是保卫国家,作为士兵就会在保卫国家与个人行为之间建立一个责任信念系统。也就是说,士兵会相信只有自己在战场上舍生忘死抵抗敌人的侵略,自己的国家才能得到安全。

2.保持组织行为与组织目标的一致性

成人教育共同体成立之后,一定要保持自己的行为始终与组织目标一致,这是成人教育共同体健康发展必须的条件,一旦这种一致性消失,成人教育共同体就丧失了心灵契约的约束力,进而可能走向解体。

组织当中的每一个成员,都在不断地判断组织行为是否在实现组织目标,如果组织行为背离了组织目标,那么,组织成员就会对组织行为产生质疑,或者怀疑自己对组织目标的理解存在偏差。但是,"只有当协作的参加者没有认识到他们对协作目的的理解存在着严重分歧的时候,这个目的才

---

① 切斯特·巴纳德.经理人员的职能[M].北京:中国社会科学出版社,1997:69.

能成为协作体系的一个组成要素"①,因此,心灵契约在组织行为与组织目标不一致的情况下很难形成。

3.协调个体目标与组织目标的冲突

个体目标和组织目标很少能够一致。同样在成人教育共同体中,共同体的目标也不一定与每个成员单位的目标一致。在各成员单位的目标不一致的情况下,心灵契约能否形成? 其实应该进一步分析人们为什么结成成人教育共同体。虽然大家的目标是相同的,但是,共同的目标背后隐藏的行为动机并不一定相同,所谓"合而不同"正是指这种情况。成员个体目标虽然不同,但是大家还是愿意接受共同体的组织目标,并为这一目标努力,这就为成人教育共同体协调个体目标与组织目标的冲突提供了前提。

(二)坚持公平的基本原则

成人教育共同体的建立是基于平等契约的,因此共同体组织的各种活动、开展的各项工作都应遵循公平的原则。美国心理学家斯塔西·亚当斯在 1965 年提出著名的公平理论,为人们在生活中理解公平如何影响组织成员的行为提供了一个很好的解释框架。公平理论认为,人的工作积极性不仅与个人实际报酬多少有关,而且与人们对报酬的分配是否感到公平更为密切。人们总会自觉或不自觉地将自己付出的劳动代价及其所得到的报酬与他人进行比较,并对公平与否做出判断,并据此指导自己的行为。从心灵契约的角度来看,通过与他人的比较,个体都能够得出自己是否得到公平的对待的结论,如果丧失了这种公平性,那么心灵契约将随之受到侵蚀。

公平最基本的形式就是平等,平均分配任务,获得等额的回报,但是这种完美的公平在现实中很难做到。成人教育共同体成员单位在共同体中作出的贡献很难完全一致,获得的补偿也并不一定相同。这种看似难以解决的不公平问题其实可以通过不断强化主观公平来解决。成功的合作往往离不开个体对合作过程公平性的认可。"当被问及在最成功的合作关系中,工作和收入的分配情况时,被提问者绝大多数都会说,他们两人均分了工作,

---

① 切斯特·巴纳德.经理人员的职能[M].北京:中国社会科学出版社,1997:70.

且取得的回报也是一人一半。"①因此,公平或者是不公平其实是一种主观内在的心理感受。在成人教育共同体中,要不断去强化这种主观公平,让所有成员单位都能够感受到在成人教育共同体中能够获得公平的体验,那么心灵契约就会不断强化。

在成人教育共同体中,每个成员单位掌握的资源、工作的能力不尽相同,因此在共同体分工中各自的任务也并不一致,有些单位就要多做一点,所谓能者多劳,有些单位少做一点,所谓搭顺风车。当然,也有一些单位为了获得更多的回报也愿意多做一点,虽然这样其能够得到更多,不过付出也更多。无论付出与得到最终的结果是否公平,只要大家都觉得公平就可以了。也正是在这个意义上来说,沟通才显得特别重要。如果某一家单位觉得自己在共同体中得到了不公平的对待,但通过畅通的沟通途径能够表达自己的不满,并及时获得共同体对这一情况的反馈,那么这种不公平感就会很快消除。

(三)强调没有障碍的持续沟通

关于沟通已经在合建机制中做过阐述,但是,凡事都具有多面性,沟通的过程不仅能够帮助组织完成既定的任务,同时也产生多方面的影响。良好的沟通不仅是实现成人教育共同体合建的基本条件,同时还为成人教育共同体心灵契约的建立提供了重要的基础。

对于心灵契约的建立,良好的沟通要做到以下几个方面:

1.多渠道沟通

成人教育共同体的信息沟通应当是一个多层次的沟通过程。共同体成员管理层就一些重大决策问题进行沟通;成员单位各职能部门之间则就合作中的任务分工和业务对接问题进行沟通。此外,教师之间、各项目组之间的沟通,同样是解决合作项目中遇到问题的重要解决途径。

2.多形式沟通

成人教育共同体的沟通形式应当丰富多样,具备沟通准确、及时、低成

---

① 罗德·瓦格纳,盖尔·穆勒.2的力量[M].北京:中国青年出版社,2011:85.

本、高效率等特征。一般来说,应当建立正式沟通与非正式沟通两种沟通形式。正式沟通包括洽谈、会议、研讨、发布通报、公告或报告等形式,准确地传达一些明确的和比较重要的信息。非正式沟通则包括通话、小型聚会或通过各种文化娱乐活动、网络工具等进行的沟通。

3.定期不定期沟通

为了保持成人教育共同体活动的顺畅,使各方掌握活动的状态和进展,定期沟通是必不可少的,如年度总结、月通报等。但是,当共同体遇到问题、成员单位之间产生摩擦或争端的时候,应当立即进行沟通,也即应当建立不定期沟通的机制。

(四)建立深度的信任关系

信任使社会生活可预测化,创造了"社区意识",而且它让人们更容易在一起工作。现代社会是一个需要合作的社会,合作的前提就是彼此相互信任。张康之教授指出,在合作社会中,信任成了物质资源、知识资源等等传统资源库中的一种新的资源。在现代社会中,人们经常遭遇信任危机,人与人之间的信任关系很难建立。信任危机的产生主要是因为人们已经脱离了熟人社会,进入了陌生人社会。在陌生人社会中,人们需要借助契约的力量来培养信任关系,通过契约来促进合作的发生。

陌生人的交往,在初始之时的确是没有信任的,而且轻信也是很危险的。契约是在陌生人社会中建立信任关系的主要方式,利用契约是比较明智的选择。契约可以使相互不信任的陌生人交往,使他们通过契约而相互信任。尽管在直接的意义上,他们是信任契约以及支持契约的制度,只是在间接的意义上才是其相互之间的信任,但是,就其交往来说,信任依然是一项必要条件。由此看来,在陌生人社会中的信任是由契约造就的并通过契约来加以维护和维持的。所以,有人也把这种信任称作为契约型信任。

在成人教育共同体中信任关系的建立基于以下模型(见图3-11)。在这一模型中,分为三个主要部分:信任基础、主体认知和信任。信任基础包括对方单位的特征、对对方的了解程度以及共同体的契约力量。这三个方面构成了成人教育共同体信任关系建立的基础。只有成人教育共同体成员单位具有能够被信任的基本特征,并且大家能够相互了解并共同遵守成人教育共同体的契约的时候,信任才能获得可靠的基础。主体认知是在成人教育共同体的共同活动中,各成员单位对信任基础的不断认识,包括理性维度和情感维度两个方面。促进成员间的了解,增进成员间的感情,是建立信任关系不可缺少的过程。这一过程是成员单位通过不断的互动活动来实现的,因此,成人教育共同体自成立之日起就应当在每一次的互动中让各成员单位建立良好的互动关系。信任水平是这一模型中其他因素共同作用的结果。当所有要素都倾向于增进成员间的信任的时候,信任水平就能够获得不断的提高。

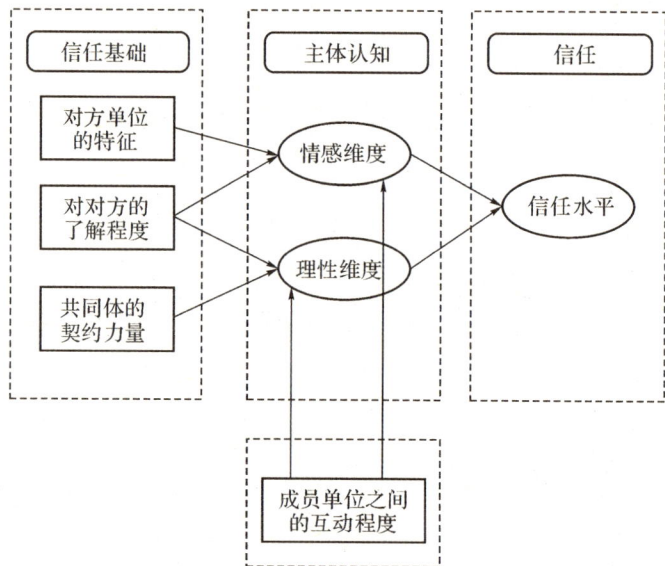

图 3-11　成人教育共同体信任关系模型

(五)倡导宽容的共同文化

《大英百科全书》关于宽容的定义是:"宽容:准许他人有判断和行为的自由,心平气和、不执偏见地容忍有别于自己或传统的观点。"心灵契约非常脆弱,特别是心灵契约初建期,任何一点挑剔都可能给刚刚建立的契约带来沉重的打击。因此,在成人教育共同体中需要倡导一种无私与宽容的文化氛围。在成人教育共同体中,宽容的限度多大? 宽容的主体是谁? 这是关于建立宽容文化必须回答的根本问题。宽容一定有一个合理的限度,如果缺乏这样一个限度,宽容就成为纵容,组织的所有契约都将失去应有的效力。

"我不赞成你说的话,但是我誓死捍卫你说话的权利。"伏尔泰这句经典名言也常被人引用作为讨论宽容的话题。成人教育共同体中要保持宽容,首先就是要允许每个成员单位自由地表达观点。《布莱克维尔政治学百科全书》对宽容的定义是:"宽容是指一个人虽然具有必要的权力和知识,但是对自己不赞成的行为也不进行阻止、妨碍或干涉的审慎选择。"金无足赤,人无完人。每个人都或多或少存在缺点,不可避免地会犯错。如果人与人之间没有相互的包容和谅解,那么内心就会产生一种反抗心理,它将击碎所有想要继续合作的理由,合作关系自然走向终结。吉兰·瓦特洛将宽容分为原始宽容和现代宽容,认为"原始宽容"是指由容忍或不制止那些按照法律不该发生的事所构成的态度。它是由谨慎或迁就人类的缺点所促成的。这是一种无奈之举。无论如何,这既不是一种许可,也不是一种授权:这是一种纵容,可以废除。"现代宽容"是指在现代发展起来并由卡斯蒂利翁、斯宾诺莎、洛克,尤其是皮埃尔·培尔详细阐述的宽容的形式。宽容就是同意这样的观点:在自由的名义和大家所承认的原则下,别人按照我们所没有的或我们并不同意的原则思考和行动。换言之,宽容是自由的必然结果。

成人教育共同体之所以能够得到众多成人教育机构的支持,实因这种现象背后隐含着一种文化的力量。在成人教育共同体中,等级与命令的行政协调方式不复存在,自主自愿的行为方式成为主导,平等公平的契约精神成为大家共同认可的价值,这一切都决定了成人教育共同体能够建立一种宽容的组织文化,而这种宽容又影响着成人教育共同体心灵契约的建立。正是在这种宽容氛围的影响下,成人教育共同体的心灵契约不断被强化。

第四章

全域共享型共同体的建设

全域共享型共同体,是在杭州大市范围内实现资源合建共享的一种成人教育共同体形式。以课程(学习项目)、师资、云教育平台三大项目为支柱,应对成人教育领域的"信息孤岛"和"重复建设"等问题。

全域共享型共同体,就是以课程(学习项目)、师资、云教育平台三大合作项目为支柱,在杭州大市范围内实现资源合建共享的一种成人教育共同体形式。其是针对长期以来在我国成人教育领域一直存在的"信息孤岛"和"重复建设"等现象,及优质教育资源匮乏与未能充分利用等问题而提出的。随着我国构建终身教育体系、推动学习型社会建设进程的加快,成人教育发展迫切要求打破不同区域、组织、部门间割裂的"壁垒",树立"全域统筹"的发展理念,改革创新符合时代发展与人民利益需求的成人教育机制。

第一节 支柱一:课程(学习项目)

泰勒在《课程研究入门》一书中曾指出:课程是教育事业的核心,是教育运行的手段,没有课程,教育就没有了用于传达信息、表达意义、说明价值的媒介。[①] 在成人教育领域,人们越来越深刻地认识到课程资源的重要价值与地位。基于此,项目组自始就将课程合建共享确立为推动杭州市全域共享型教育共同体建设的重要抓手之一。而通过实践探索,我们认为拥有开放

---

① Philip H. Taylor and Colin Richards. *An Introduction to Curriculum Studies* [M]. NFER Publishing Company, 1979:11.

合作的理念、高效的沟通合作机制、充足优质的课程资源及统筹推行课程实施的行动力量,才是实现课程合建共享的关键所在。

一、课程(学习项目)合建共享的现实意义

如何才能有效地组织起各成人教育部门,特别是各社区教育机构参与到全市范围的成人教育课程合建共享项目中?这首先决定于各成员单位如何理解课程合建共享的重大现实意义。基于近年来杭州市成人教育发展的实际情况,我们认为这项工程无论对丰富成人教育课程资源,还是对培养优秀的成人教育课程开发者,甚至是提升杭州市成人教育的内涵发展品质都有着深远的影响。

(一)有利于实现更大范围的成人教育课程资源的高效利用

从前期调研情况来看,在成人教育课程开发方面,杭州市各社区往往各自为政,而全市课程资源尚未有效整合。一方面,由于缺乏全市层面的课程开发规划,资源重复建设的现象特别严重;与此同时,各单位间由于缺乏深度的交流合作,一些优质的成人教育课程资源又得不到广泛而高效的利用,这就造成了人力、物力、财力等多方面的浪费。项目组认为改变这一局面的重要方法与途径,就是要建立全市层面的、系统化的课程合建共享体制机制。只有运用大项目合作的形式,才能有效密切各区县(市)间的联系,才能杜绝优质课程资源的浪费,使全市成教课程资源得以充分整合与利用。

(二)有利于提升广大成人教育工作者的课程开发能力

尽管近年来,业界已经意识到课程开发在开展成人教育工作方面的重要意义,并努力付诸行动,但却囿于对成人学习者缺乏深入理解,以及缺失成人教育所特需的教学能力,造成开发出来的成人教育课程虽然数量多,但真正的精品少,根本不能满足成人多样化、高品质的学习需求。推动全市范围的成人教育课程合建与共享,要求对课程开发中的人力资源进行高效整合与共享,而参与项目的成人教育工作者在合作中进一步拓宽了视野、丰富了经验、锻炼了能力,这就为其提升课程开发的总体水平和综合素质找到了

新的有效途径。

（三）有利于促进杭州市成人教育的内涵发展

内涵式发展是现代成人教育发展的必然转向，其具体就是要由传统的外延式扩张向优质、高效和可持续发展的方向转变。然而，要实现这种转变就必须要找准推动成人教育改革的工作抓手，探寻成人教育发展的规律性，提升成人教育的文化品位与软件实力。而课程资源建设恰恰正是推动其深入发展的热点、重点、难点及瓶颈性的环节。项目组在杭州市全市范围开展课程合建共享的实践探索，立足于广大社区居民的生产、生活需要，大力统筹规划、协调管理成人教育课程资源，让各成员单位各展所长、互补其短，从而为构建相对科学、高效、生态性的成人教育发展范式奠定了坚实的基础。

（四）有利于促进杭州市成人教育的均衡发展

区域发展不均衡一直是制约杭州市成人教育整体水平提升的重要因素，而这种不平衡特别体现在成人教育、社区教育课程在各区的发展程度也存在很大的差异。比如，在一些教育基础较好、文化积淀丰厚、经济实力雄厚的城区，成人教育课程资源尤其是优质资源更为丰富，相反，在一些成人教育基础较为薄弱、社区教育起步较晚的城区，特别是农村，其教育课程建设步伐就比较缓慢了。因此，通过在杭州市开展全域范围的课程共建共享项目，可以促进优质的成人教育课程资源向薄弱城区流动，并能进一步激发与提升弱势区域课程开发与实施的能力，从而将从整体上有效推动杭州市成人教育、社区教育的区域均衡发展。

二、课程(学习项目)合建共享的基本内容

课程合建共享是一项任务艰巨的系统工程，其需要从当前杭州市成人教育发展实际出发，采用循序渐进的推进方式逐渐建构起全域课程合建共享的课程体系，更准确地说，是一系列适于居民百姓需求的学习项目。事实上，通过近些年的理论研究与实践探索，我们认为成人教育课程并非仅仅局限于人们传统观念中的教材或是读本，其本质上是一种学习项目，在这种项

目中除了文本外,还包括内容形式更加丰富的活动、经验、体验、感受,等等。基于此,项目组通过调研分析,提出杭州市课程合建共享应包含以下几方面的基本内容:

(一)知识类课程：通识读本的合建共享

通识读本是一种应用于通识教育活动中的教材。所谓通识教育,"是人人都必须接受的职业性和专业性以外的那部分教育,它的内容是一种广泛的、非专业性的、非功利性的基本知识、能力、态度和价值的教育,它的目的是把学生培养成健全的个人和负责任的公民,它的实质是'和谐发展的人'的培养"[①]。

在杭州市全域范围开展实施通识读本的开发与共享缘于两方面的因素:其一,实施成人通识教育具有现实必要性。今天成人的学习应更多地适应终身教育时代与学习化社会即将到来的发展趋势,为不断提升自身生存、生产、生活的能力与质量奠定基础,这就要求我们在成人课程开发方面,要更多地关注成人基础能力,特别是人文素养方面的提升。其二,合建共享成人通识读本具有现实可行性。通识教育的价值指向,即通识教育的全民普适性决定了杭州市全域范围的居民此方面学习需求的相对一致性。

要构建科学合理的全域共享成人教育通识系列读本,必须针对通识课程的培养目标从三个方面来具体解析建构学习项目内容。在知识与能力方面,要着重发展成人使用数字、语言、自然科学和社会科学等基础知识,以此作为成人生活和工作必需的知识;发展听、说、读、写的技能;发展发现与解决问题的能力;发展人际技能;发展身心健康、艺术欣赏、理财等理解力与技能;发展社会需求的自觉适应能力。在过程与方法方面,要促使成人学会获取、分析、利用资料;学会观察、感受与体验;学会与他人沟通合作;学会探究、反思与创造。在情感、态度及价值观方面,要重点关注成人发展自知、自查和积极的人生观;发展个人对周围事物之价值与尊严的赞赏与尊敬;发展民主意识的认知——即现代公民的权利与义务;发展对现在与未来学习成

---

① 张寿松.大学通识教育课程论稿[M].北京:北京大学出版社,2005:26.

为持续且独立学习者的欲望。同时结合近几年学习需求调研及全域学习资源配备情况,项目组确定了如表 4-1 所示的包含科普知识、公民教育、文化补习、文娱休闲四大类 16 个学习项目的内容体系。

表 4-1　杭州市全域共享成人教育通识系列读本

主要类别	通识读本	
科普知识类	健康养生	低碳生活
	投资理财	亲子教育
	电脑上网	科普烹饪
公民教育类	公民道德	文明礼仪
	实用法律	
文化补习类	社会科学	数学计算
	自然科学	语言文字
文娱休闲类	艺术欣赏	文艺活动
	体育健身	

(二)经验类课程:实践经验的分享

除了教材、教学参考指南等非生命类的课程载体外,具有鲜活且丰富生产、生活经验的一线教师和成人学习者,才是成人课程开发与实施的真正主体。实践证明,真正有意义的学习是由经验引起的行为或行为潜能相对持久的变化以及导致这种变化的过程。这些带有个人个性与人格特征的经验,既是成人学习的基础,也是成人学习的资源;既是成人领悟知识、习得与运用技能的前提,更是个体创造知识的源泉。[①]

在杭州市全域范围合建共享实践经验类的学习项目,其目的就是要促使各区、县(市)的成人教学双方在特定教学情境、氛围下,充分利用并发挥其生产生活经验、体验,通过共同解释和自主建构的方式,实现将外部无意义的知识片断,内化成为对成人真正有价值、有意义的内在素质。近年来,

---

① 曲连冰.成人经验学习评估新探[J].继续教育研究,2009,(2):20.

杭州市大胆探索与尝试了实验经验类的学习项目。杭州各地开展针对"被征地农民就业技能培训工程"实验载体，对被征地农民进行职业技能类及SYB(Start Your Business)培训，通过"师傅带徒弟"、"同伴经验交流"等方式使培训变得更加生动，效果更好。而一系列深具地方特色的产业培训，如"竹产业链培训体系的构建"、"山核桃经纪人培训"等项目实施中，全市的行家里手被邀请来手把手地传授学员们"真功夫"。接下来，项目组将以余杭、临安、桐庐、富阳等为实验区，开展一系列的"农家游、农家乐"主题学习项目。事实上，这些经验资源很大程度上都具有内生性的特点，要在全域范围合建共享这类课程，我们就必须通过联合教研等方式，通过成员单位间相互交流，实现这类生命载体资源的显性化。

（三）活动类课程：活动项目的分享

要开发出符合社会与成人双重可持续发展需求的学习项目，就必须改变"课程就是文本、课程就是学科"等错误或片面的成人教育课程观念，重新理解与建构课程的概念与内涵。随着近年来杭州市成人教育课程建设进程的推进，我们认为，成人教育课程不应再只是学科的总和，更具现实意义的，是要重点打造一批贴近百姓生活的精品活动项目。活动项目是一种将学习活动、成人自身及其社会与生活环境有机整合的一种具有成人教育（社区教育）鲜明特色的课程形式。其基本教育观强调的是教育即生活本身，与传统学科课程不同，知识存在是与活动紧密联系在一起的，这些特点与成人教育（社区教育）服务于成人现实生活需要的本质是完全契合的。

基于此，杭州市在全域课程合建共享过程中，组织强有力的团队开发了一系列的活动项目。例如，在杭州市成人"双证制"教育培训的"数学成就未来"一章中，课程开发小组就设计了如下活动类课程内容："勤俭积累财富——理财从身边小事做起"、"走向管理层——请你当车间主任"、"选择生活方式——租房与买房"、"高质量的晚年生活——退休规划"，等等，通过情景聚集、活学巧用的形式，让学员们充分参与到活动中来。此外，利用成人教育实验项目载体，杭州市还着力打造了一系列的大型成人教育活动项目：

如"十万市民品西湖"项目,通过"听、说、读、画、颂"为主的复合式学堂活动形式,以此让广大市民全方位地了解与传播西湖文化知识、信息、技能、情感及信仰。在全域范围设计与实施活动项目,一方面打破了传统学科框架,为实现教育即生活的理想提供了更多的可能,同时不同地区也可以结合各地特点选择与二次开发丰富多彩的学习项目。

三、课程(学习项目)合建共享的路径选择

成人教育发展具有鲜明的地域特色,同样的,课程合建共享项目的实施也必须紧密结合当地经济、教育、文化的发展状况。因此,在明确了杭州市合建共享课程的基本内容后,项目组采用系统化的项目开发与管理的思想和方法,逐渐探寻出了一条推动这项工程的组织运行路径(具体见图4-1):一方面,充分发挥杭州市成人教育研究室成人教育业务的组织、协调、指导功能,建立包括成人文化技术学校、社区学院(分院)、民办培训机构等在内的课程开发共享联盟;另一方面,建立与实施一系列的教育管理机制,从而保障项目顺利、有序、高效地推进。

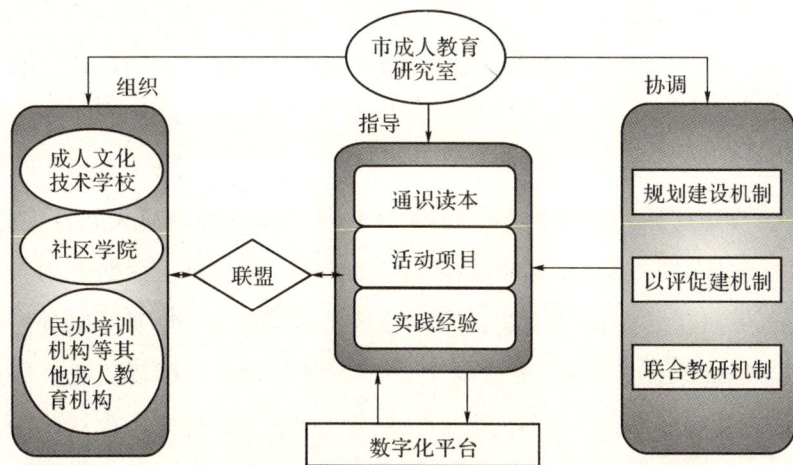

图4-1　成人教育课程合建共享的路径选择

（一）统筹规划，组建联盟开发通识读本

针对杭州市成人教育发展水平不均衡、课程大量重复建设的突出问题，项目组首先在全市范围统一开展调研，通过自愿参与的方式组建起课程开发联盟，从而对全域课程开发进行统筹规划，以保证在全市开发出需求广泛、内容丰富、品质优良的通识教材。

1.分析开发需求

开发需求与开发现状分析是课程合建共享的首要环节。项目组首先对杭州市 13 个区、县（市）的 25 所社区学院、成校进行了调查访谈。通过访谈项目组了解到，目前绝大多数社区学院、成校希望开发的课程为安全常识、电脑上网基础、家庭教育、投资理财、健康养生、职业技能培训、文明礼仪、法律法规知识、西湖龙井茶文化。同时，项目组还设计了社区居民学习需求调查问卷，并在全市范围发放问卷 1000 份，回收 875 份。调查显示，广大居民百姓在学习内容需求方面更倾向于实用性强的课程，希望培训内容更加丰富，种类多样，尤其要贴近民生，其中科普知识、安全常识、家庭教育、健康保健、电脑上网知识、安全常识、市民文明礼仪、法律法规等是居民学习需求最集中的内容。对比社区学院、成校课程开发的需求及居民学习需求，两者在科普知识、家庭教育、电脑上网、健康养生、投资理财、文明礼仪、法律法规知识上形成交集。

2.组建开发联盟

要开发出优质的成人教育课程，就要汇聚全市最强的成人教育力量，通过建立一种"共同愿景、自愿参与、平等互助"式的课程开发联盟有力推动全域课程的开发工作。以第一期杭州市市民读本开发为例，项目组首先在全市结成了以六家社区学院、成校为主体的课程合建共享联盟。通过联席工作会议制度，成员单位一致达成了以下三项共识（或者称之为契约）：一是联盟成员单位贡献各自的课程，将已有的适用于全市通用的课程资源进行共享。二是共同开发通识教材，并首先在联盟内部单位进行试用并推广。三是各成员单位根据自己的情况申请一门通识课程进行开发，开发以后在联盟内部进行推广与共享。

3.编写通识教材

进入教材编写阶段,课程开发联盟通过平等协商的方式对课程开发进程进行统筹规划。同样以第一期市民通识读本开发为例,六所社区学院、成校根据自身原有的课程基础及优势,自愿申请牵头负责一门通识教材的开发,并列出六本通识读本的开发计划、开发流程、开发行事历。每本教材的框架内容都在项目组成员内部进行讨论、交流,提出修改意见,力图使教材所涉及的内容充分体现普适性,反映居民的学习需求,且包含该门课程最基础的知识内容。此外,在教材编写过程中,项目组还特别注重充分调动联盟内部成员的资源凝聚力量。如在杭州市全市范围开展的成人“双证制”教育①培训工作中,课程开发联盟就精心组建了结构合理、业务精良的课程开发团队,深入挖掘与吸收来自不同教育背景中的教学一线优秀教师编写相关文化补习类的通识教材。

(二)以评促建,开放共享课程实施资源

在成人教育教学过程中,很大一部分的课程实施资源都是内生性的,即由成人教学双方的身心经验智慧建构起来的,只有有效地将这些资源显性化,才能便于更多的人借鉴利用,而这就必须借助各类教育教学管理活动的开展建立起合建共享的长效机制。对此,项目组的实践思路是通过以评促建、以征同享的工作机制,推动成人教育教学优质资源在杭州市全域范围的充分积聚与扩散。

同样以杭州市成人“双证制”教育教学资源建设为例。2012年初,杭州市成人教育研究室在全市范围统一组织开展全市农村成人“双证制”教育高中文化课教学课件的评比工作和教学课程资源库的征集工作。为此,成人教育研究室还专门组织专业人员制定了成人“双证制”教案评分标准、课件评分标准以及资源库课件制作任务分解表。通过专家评审委员会评审,共评出公民道德与法律基础、语文、数学、社会科学四个学习项目的获奖课件

---

① 成人“双证制”教育是一种把文化学历教育与职业技能培训有机结合的成人教育培训形式。

66 个,其中一等奖 17 个,二等奖 17 个,三等奖 32 个。表 4-2 列出了首届杭州市农村成人"双证制"教育文化补习类教学课件评比一等奖获奖情况。

表 4-2　杭州市成人"双证制"教育文化课教学课件评比一等奖获奖情况

学习项目	课程资源名称	选送单位
公民道德与法律基础	文明上网懂自爱	桐庐县桐君成人文化技术学校
	罪与非罪	建德市梅城成人文化技术学校
	公民道德,立身之本	桐庐县桐君成人文化技术学校
	刑罚的涵义和种类	富阳市富春成人文化技术学校
语文	乡愁	萧山市坎山成人文化技术学校
	作为生物的社会	桐庐县横村成人文化技术学校
	大地上的事情	桐庐县职业技术学校
	借条	临安市於潜成人文化技术学校
	水调歌头	萧山市义蓬成人文化技术学校
数学	直线与圆的位置关系	富阳市富春成人文化技术学校
	等差数列的前 n 项和	建德市科兴技术学校
	等差数列的通项公式	建德市乾潭成人文化技术学校
	空间几何体的结构	富阳市社区学院
社会科学	聚焦三农	桐庐县职业技术学校
	友好交流	桐庐县桐君成人文化技术学校
	民主法制	桐庐县横村成人文化技术学校
	动荡的世界	萧山市戴村成人文化技术学校

通过评比,项目组更具价值的举措是初步建立起杭州市文化补习类课程实施的资源库,并借助网站等信息化途径广泛共享给全市各成人教育教学机构。而自资源库建设之初,课程开发联盟就特别强调资源库建设的开放性,联盟内部已经明确达成共识,将采用集中与分散、定期与不定期相结合的方式不断对其进行更新完善,以保障资源库的使用效率与建设品质。

(三)联合教研,推动全域课程实施

如果说开发通识教材、建立课程资源库是全域课程合建共享的前提基

础,那么在全市大力开展成人教育项目学习才是这项工程的关键所在。针对传统成人教育不讲求质量、不注重教研等问题,项目组通过探索,逐步在全市范围建立起一种成人教育联合教研工作机制。

"以教带研、以研促教"是这种机制的核心思想。具体实践过程中,杭州市一方面发挥市成人教育研究室的成人教育教学专业指导力量,同时注重充分利用来自各区县(市)社区学院、社区学校及成人文化技术学校等教学一线的核心教师队伍,不仅在学习项目建设之初就对全市成人学习需求展开了摸底调研,同时通过召开教研大组会议、深入教学现场观摩、组织对课程进行评价等多种形式充分掌握广大居民的学习兴趣所在、学习参与面及喜欢的学习方式等情况,从而使更多的教师了解如何结合成人学习者的特点对其进行学习的组织管理、安排教学内容、处理教学重难点问题,等等。

目前而言,杭州市在成人"双证制"教育方面,已经尝试采用这种联合教研的工作机制,并取得了良好的实验成效。如 2011 年 9 月,为加大杭州市成人"双证制"工作的推进力度,杭州市在富阳市召开了农村成人"双证制"教育教学工作推进会。会议就聚集了萧山区、余杭区、富阳市、建德市、桐庐县、临安市、淳安县教育局成教相关科室的负责人,杭州市成人"双证制"教研中心组、各学科教研大组成员共计 40 余人。会上,代表们通过分组交流、集中汇报的方式,分别就教材处理、课堂教学以及教学组织管理等方面进行了探讨。

开发、整合与优化成人教育课程资源,是杭州市成人教育发展的时代命题。大力探索全域成人教育课程合建共享,真正建立联合调研、联合开发、联合实施、联合改进的"四联"合作机制,才能充分发挥成人教育培训网络特别是各级成人教育学校的业务优势,从而为建设学习型杭州奠定坚实的基础。

第二节 支柱二:师资

教师是教育发展的第一资源。同样的,成人教育的师资队伍则是办好成人教育,提升成人教育品质的关键力量。为了能够建立起一支组成结构合理、专业素质水平较高,并能在全市范围较好发挥实效的成人教育教师队伍,项目组通过实践探索,正逐步建立起一套以构建开放式成人教育师资库为合建抓手,以师资互派、名师巡讲为主要共享形式,以促进全体成教教师专业成长为可持续发展目标的全域师资合建共享的组织管理机制。

一、师资合建共享的现实意义

师资不足与师资质量低下,一直是困扰成人教育发展的重要问题。尽管各成人教育机构也一直在发挥主动性试图解决这一问题,但由于缺乏区市级层面的统筹规划与坚实的教科研力量,成人教育师资队伍建设的力度大打折扣。因此,通过全域共享型共同体的建设来推动成人教育师资的合建共享,就具有特别重大的现实意义。

(一)合建共享将大大提高成教教师资源的利用效率

随着我国经济增长与社会的飞速发展,成人学习的需求愈加呈现出终身化、自主化、多样化与个性化的特点,这种日益高涨的学习需求与各地市总体数量小、整体素养低、优秀师资少的队伍现状构成了一种鲜明的矛盾。据统计,杭州市现有常住人口 870.04 万人,而成教与社区教育机构的教师却只有 3346 人,教师人均数为每万人 3.8 个,[①]这一数据远远低于全省平均值,在全国的情况同样不容乐观。事实上,各区县成教机构还是拥有一些相对优质的教师资源的,但由于缺乏跨区县(市)的师资共享实现机制,导致出现资源不足与资源利用率低两种问题的同时产生。而用全域统筹的理念与思路建立师资合建共享机制,有利于打破地域区域分割屏障,加快成教教师规模与品质的双重建设,大大提高利用效率。

(二)合建共享将加快提升成教教师的整体专业水平

成人教师肩负着激发与引导学习者通过参与学习,提升个人综合素质,特别是可持续发展能力的重要职责。一名合格的成人教育教师不仅应具有

---

① 本数据来源于浙江省成人教育发展白皮书,数据统计时间为 2011 年。

良好的思想政治素质与工作作风,同时还应具有独特的智能结构,这其中既包括相关学科的专业知识与技能,也包括相关的生产技术知识与技能,当然更重要的是掌握成人教育的理论、技巧与能力。① 因此,关注成教教师的专业成长是促进成人教育发展的必然要求。然而,由于当前成人教师的社会认同(甚至是自我认同)依然相对较差,缺乏良好的职业生涯规划与专业发展平台与路径,队伍整体专业化水平相对较低。利用全域师资合建共享的契机,大量的人力、物力、财力将落实到项目中,全市成教教师将接受更加集中而有效的培训,而一些评价、激励机制的实施也将会进一步促进其专业成长,使之具有较持久的动力。

(三)合建共享将有效完善成教教师队伍的组成结构

一支优良的成人教育师资队伍不仅要数量足、素质好,而且其组成结构也要合理适宜。教师队伍的组成结构根据不同的结构要素可组成许多不同的系统,如年龄结构、职称结构、专业结构等。结合前期调研,项目组发现杭州市成教的管理教师年龄偏大、高层次的专业教师匮乏、双师型教师则少之又少。因此,如何准确把握并及时调整成人教育师资队伍结构成为加强队伍建设急需解决的重大问题。在全市层面统筹推动成教师资的合建与共享,将更有利于从整体上了解成教教师队伍的现状及存在的主要问题,从而借助教育行政与业务指导的力量有意识地完善队伍的组成结构。

二、师资合建共享的基本内容

正如前文所言,成人教育是一种覆盖范围广、受众对象复杂、内容形式非常丰富的教育形式,因此,通过合建共享的师资队伍构成应呈现多序列、多类型、多层次的特征。通过借鉴国外经验与多年的实践探索,项目组认为,应通过全域合建共享形成一支"专职、兼职、志愿者"三位一体的成教教师队伍。基于此,师资合建共享的内容主要涉及以下几个方面:

---

① 叶忠海.成人教育学通论[M].上海:上海科技教育出版社,1997:150—152.

（一）专职教师

专职教师是推动成人教育系列工作的主力军，是成人教育活动的具体策划者与执行者。其知识体系结构、组织策划能力及与广大群众的关系处理等综合素质水平直接影响成人教育发展的质量与层次。然而，根据2011年杭州市成人教育师资情况调查，杭州市专职教师数为1100人，40岁以上的为613人，占总数的56％，而青年老师则相对较少。问题更加突出的是，成教紧缺的双师型教师数为271人，仅占专职教师总数的24％。[①] 因此，全域师资合建共享的首要内容就应是着力探索成教专职教师的成长发展与共享机制的建立。对此，项目组提出应通过加强人才引进与重视内部培养相结合的方式来完善专职队伍建设，同时也应尽快建立跨城区、跨城乡的骨干教师合作交流的平台与机制。

（二）兼职教师

兼职教师是成人教育师资队伍的一支重要力量，这既是成人教育专业特点所决定的，也是当前成人教育发展的现实选择。如何针对特定区域居民的学习需求，保证足够数量与良好素养的成人教育兼职教师在全市范围最大限度地发挥其优势潜能，成为全域师资合建共享项目要解决的一大问题。针对传统成教兼职教师难请更难留，特别是高层次师资欠缺的问题，项目组提出要实现全域资源的合建共享，首先应发挥各区县（市）成教机构的能动性，采用专家介绍专家的方法，严格把好兼职教师选拔关。在聘请兼职教师时，要重视对其教学能力、教学态度的考量，特别要注重考察其是否具有良好的成人教育教学经验与智慧。同时，借助联盟的力量，在全市建立起一个开放式的成教师资库，并采用名师巡讲与跨区互派的多种形式发挥优质兼职师资的力量。

（三）志愿者队伍

随着成人教育，特别是社区教育的快速发展，其全员、全程、全方位的服

---

① 本数据来源于浙江省成人教育发展白皮书，数据统计时间为2011年。

务标准对成人教育师资队伍建设提出了更高的要求。因此,推动成人教育深入发展,除了要依靠数量非常有限的专兼职教师,还要借助广大来自全社会各行各业的成人教育志愿者的力量。综观当前成人教育志愿者队伍建设与管理的现状,主要存在没有建立起实用的志愿者培训制度、评价激励制度、志愿服务的领域区域狭窄等问题。为促进成教志愿者队伍健康而快速地发展,项目组逐步探索出一系列诸如重大教育活动集体参与、志愿资质跨区互认、星级评价等全域合建共享工作机制与制度。

三、师资合建共享的路径选择

如何在全域范围建立起成人教育师资合建共享机制,推动优质资源的有序生成与合理流动,提高资源的使用效率,需要联合全市上下各成人教育培训机构,采用科学统筹的思想与方法,系统地设计项目的实施方案与操作路径。几年来,项目组通过实验探索,逐渐摸索出一种"建享并重"的可持续发展模式。

(一)建立开放师资库,让全市成教师资积聚起来

建立全域成教师资库的目的就是要解决优质师资分散,各区县(市)师资分布不均衡的问题。操作层面,在杭州市成教师资合建共享联盟组建的基础上,项目组遵循"先调研后建设,先试点后推行"的原则,广泛吸收优质师资,构建起一个以需求为导向,以共享为目的,以管理为保障的开放式成教师资库。具体建立与运作流程见图4-2。

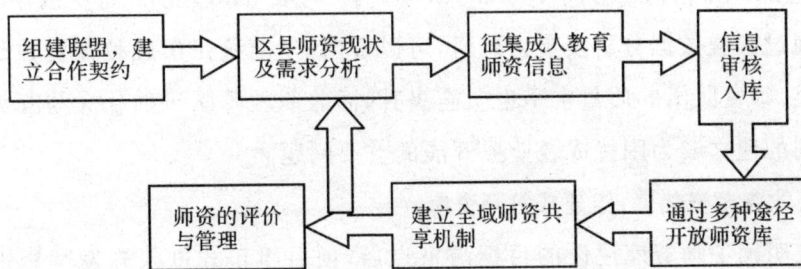

图4-2　全域开放师资库的建立与运作流程

1. 建立契约,确定伙伴合作关系

组建教育共同体是开发全域成教师资库的必要前提与基础。建立全域师资库是一项任务艰巨的公益性活动,因此相应承担主要职责的教育共同体也应该是一种非营利性的共同体。正如国内外许多学者所认为的,为了保证非营利组织发展的有序性,需要建立一系列的规则体系,而契约则是建立这种秩序的制度基础。① 实践过程中,项目组以各区县(市)社区学院、成校的相关负责人为主体,通过广泛发动、自愿参与的方式,组建起一个涵盖13 个区县(市)的师资建设联盟。"权责明晰、平等协商、全程沟通、合作互助"是联盟实践活动的基本准则。通过建立联盟,成员单位之间形成了平等互助的合作伙伴关系。这也从根本上保证了全城开放师资库建立、使用等各项工作的顺利实施。

2. 分析开发需求与师资现状

为了能够从整体上了解杭州市成人教育师资现状及师资队伍建设的需求,项目组制定了杭州市成教干部及教师信息调查表,并下发到 13 个区县(市)教育局展开大杭州范围的调查。此次调查的机构主要包括:农村成校(含乡镇、街道成校)、独立设置与非独立设置的社区学院与社区学校。调查结果如下,至 2011 年,杭州市成教教师总数 3346 人,其中专职教师数 1100人,兼职教师数 2246 人,专业课教师数 1446 人,双师型教师数 271 人。专职教师学历及技能情况为研究生及以上的 67 人,本科 713 人,大专 213 人;技师及以上 55 人,高级工 150 人,中级工及以下 142 人;教师年龄情况为 50 周岁以上 280 人,40—50 周岁 333 人,30—40 周岁 328 人,30 周岁以下 159人。通过调查数据分析及走访调研,可以看出,当前杭州市成教师资数量欠缺明显,师资队伍的质量水平也急需提升,而兼职教师队伍的壮大与互派共享机制的建立成为困扰成教业务开展的首要问题。

3. 收集师资信息,组建成教师资库

在明确了师资库建设的目标与重点后,项目组正式进入开发师资库的

---

① 张洪武.契约对非营利共同体的建构作用[J].理论研究.2012,(3):44.

实质工作阶段。师资建设联盟一方面将自己单位机构已有的师资信息经确认后共享出来,同时还发挥了最大潜能,将所在区域的潜在成教教师资源挖掘出来。而为了能够更好地了解这些师资的基本情况,特别也是为能够在全域共享时跨区互聘教师能够更有针对性,项目组制定了如表 4-3 的教师基本信息表,这其中既涵盖其专业特长介绍,还包括具体可支配的授课时间以及成人教学培训的经验情况,等等。当前,杭州市正遵循着"结构合理、素质优良、分批入库、规模适当"的建设目标与原则,通过教师个人自荐、组织推荐和社会举荐相结合的方式,全域师资库已初显雏形。

表 4-3　杭州市全域共享师资库教师个人信息表

姓名		性别		照　片
年龄		专业/专长		
职务、职称		联系电话(手机)		
工作单位				
联系地址				
课程名称		可授课时间		
授课专长及相关经验简介				
个人意见:(是否愿意将个人信息纳入杭州成人教育共同体师资库) 日期:　　年　　月　　日			推荐单位意见: 日期:　　年　　月　　日	

4.通过多种途径,在全域开放共享师资库

全域师资库的开发并不是一蹴而就的事情,更不是一劳永逸的事情。其必须根据区域教育发展及成人学习需要的变化而不断丰富、不断完善,从而才能避免资源的更大浪费。因此,杭州市构建的全域师资库就是一种开放式形式。同时,项目组采用"先试点后推广、边组建边共享"的思路,持续推动着合建共享机制的建立与实施。例如,在项目实施初期,就确定了以萧山区和拱墅区为实验示范点,两个区首先各自将区域内,包括区教育局、劳动局、妇联、农业局、党校等成教教师资源整合起来,进而通过签订协议以及教学培训、教科研合作等方式对彼此开放师资信息。而在全市层面,市成教研究室还牵头开发了杭州市终身学习网和社区共学网,借助信息化平台,各区县(市)将更加方便快捷地实现全域师资的开放与共享。

5. 建立评聘机制,激励成教教师更快成长

以往由于缺乏必要的评聘机制,各区县(市)成教兼职教师队伍一直非常不稳定,这很大程度上影响了各项教学培训工作的高效开展。为了避免同样的情况发生,项目组在建立全域师资库的同时,更大力度地探索了兼职教师的聘任与评价工作机制。一方面,经专家审核确定入库的师资人选经过双向协商后,由杭州市成人教育研究室颁发聘任证书,聘期一般为一年。另一方面,为了能够有效提升成教兼职教师的专业服务能力与水平,项目组还制定了如表 4-4 兼职教师教学培训的评价信息表。由受训学员及评聘单位针对其教学内容的设计、教学方法的选择、教学呈现的效果及整体专业素养予以评价,而对于评价情况良好或被聘请次数较多的教师,相关业务主管部门也会再授予其杭州市优秀兼职教师称号,并给予适当的物质奖励。

表 4-4 杭州市全域共享成教教师评价信息表

	教师信息被浏览次数(统计拟聘请按钮点击次数)									
	教师被聘请次数(统计聘请后评价按钮点击次数)									
评价情况		学员评价					聘请单位评价			
	教学内容	★	★	★	★	★	★	★	★	★	★
	教学方法	★	★	★	★	★	★	★	★	★	★
	教学效果	★	★	★	★	★	★	★	★	★	★
	综合素养	★	★	★	★	★	★	★	★	★	★

（二）开展师资互派活动，让全市成教师资流动起来

优化成人教育师资队伍结构,促进成人教育均衡发展,是开展全域成教

师资合建共享的重要目标。在传统各成教单位间缺少沟通交流合作机制、教育资源独占独用的背景下，开展全域范围的师资互派，是一种不可多得的优化成教师资力量配置、提高成教教育培训质量水平的重要举措。结合成人教育师资队伍的特殊性，全域师资合建共享联盟探索实验了名师巡讲及志愿者互派这两种主要形式。实验仍以萧山区与拱墅区为试点区域，双方在签订共享协议后，根据各自需求，从两个区合建的师资库检索合适的人选，而对方也为彼此提供了许多便捷的联络与沟通条件。在此基础上，杭州市将进一步扩大成教名师的服务范围，表 4-5 列出了杭州市全域名师巡讲部分计划。应该说，这些教师都是杭州市成教系统中一些来自教育局、体育局、医院、当地高校等不同领域颇具专业性的名师，选取的课程则更是贴近广大居民百姓的日常生产生活，如家庭教育、卫生保健、文化娱乐、公民礼仪等。

表 4-5　杭州市全域共享名师巡讲计划表（部分）

	学习主题	互动名师	活动地点	活动时间
科普知识类	冬令进补话养生	市一医院、省中医院等医师	各社区学院	冬令每周六下午
	读懂孩子的青春期	各区县教育局幼教教研员	区青少年活动中心	周五晚上，一月一次
	家庭理财面面观	当地财校专业老师	各社区学院	晚上，每周两次
文娱休闲类	太极健身一起来	相关体育局老师	西湖广场	早上，每周两次
	广场舞动你我他	知名艺术团老师	杭州市民广场	晚上，每周三次
	艺术陶冶大众生活	浙江美术院校教授	浙江美术馆	周六周日
公民教育类	教你如何处理婆媳关系	文明办相关老师	市民活动中心	周六，每周一次
	文明礼仪伴我行	文明办及教育局相关老师	各社区学院	周日，每周一次

　　除了专业教师的全域流动外，项目组还着力探索了全市成人教育（社区

教育)志愿者参与跨区级、市级层面重大成教活动的工作机制。如杭州不同区县每年都会举办市终身学习活动周活动,由于参与面广、任务艰巨,工作小组就在全市范围招募了若干成教志愿者,让其参与活动的组织管理。而这些志愿者的工作表现不仅会归并到其考核范围,同时也将作为星级志愿服务的评定依据,以此促进全市资源的深入共享。

(三)培育教师学习共同体,让全市成教教师成长起来

人力资源不同于普通的物力资源,其是动态生成与不断发展变化的。为避免传统师资共享过程中出现的"只享不建,只用不培"的问题,联盟达成共识,要重视并加强成教教师的专业培养与发展。作为全市成人教育的业务部门,杭州市成人教育研究室的基本职责之一就是成人教育培训中心,借此力量,联盟应努力搭建全域教师的交流学习平台。而基本学习共同体的学习就是一种经过实践检验的、有效的学习形式。

所谓教师学习共同体是由有着强烈学习意愿和共同研究兴趣的教师自愿组成的,其共同目标是要在共同参与的各种教育实践和研究实践中形成良好的学习、研究范围,并通过创造与传承知识促进自身成长,乃至达到教师整体的发展。[①] 培训过程中,各成人文化技术学校、社区学院(学校)等机构的教师既充当学习项目的执行者,同时又是学习项目的提出者,例如,在杭州市成人教育实验项目负责人培训班上,来自各区县(市)的成教老师结合自身工作实际,就如何选取实验项目、如何找准实验重点与项目突破的抓手,以及如何总结实验成果等问题展开了激烈的讨论与交流,而这种平等互助式的学习方式激发了成教教师浓厚的学习兴趣,从而进一步促发了教师学习共同体的形成。

而为了能更好地促进全市成教骨干力量的成长与发展,市教育局在成教研究室政策建议的基础上,专门制定并出台了《杭州市成人教育干部培训五年行动计划(2012—2016)》,文件要求,校长培训分岗位班和提高研修班。岗位班培训包含上岗、转岗、在岗培训,培训对象为各区、县(市)社区学院、

---

① 洪蓉.教师学习共同体与教师专业发展[J].现代教育科学.2007,(5):38.

农村成校负责人,五年内每年举办一期岗位班,至 2016 年底,完成对各区、县(市)社区学院、农村成校负责人轮训,持证率达到 100%。而提高研修班的培训对象为参加过省或杭州市成教校长培训,担任成教校长三年以上,年富力强、影响力较大的校长,并要求各区、县(市)五年内完成成教干部轮训,培训率达到 100%。通过这一系列更加系统、规范、适用的培训,将促使杭州市全市成教教师真正实现向复合型、外向型、应用型角色的转变。

第三节　支柱三:云教育平台

随着云计算技术的不断发展成熟,像 Google Apps、Microsoft Azure 等云物联、云存储、云游戏这些新生事物越来越多地为人们所熟知,而其在教育领域的应用——云教育(Cloud Computing Education),似乎也正在为人们开启一扇现代教育的希望之门。所谓云教育,就是在云计算技术平台的开发及其在教育培训领域的应用。而云计算(Cloud Computing)则是分布式计算、并行计算、效用计算、网络存储、虚拟化、负载均衡等传统计算机和网络技术发展整合的产物,它旨在通过网络把多个成本相对较低的计算实体整合成一个具有强大计算能力的系统。[①]云计算所体现的共建、共享、共赢的现代社会网络诉求,将大大加快教育现代化的发展。

一、云教育平台合建共享的现实意义

促进优质教育资源普及与共享,是建立云教育平台的根本目的。可以预见,云计算技术在成人教育领域的应用将给业界带来强有力的冲击,其势必将在降低教育成本、提高教育管理效率、变革教学方式、促进教育公平等多方面对成人教育产生深远的影响。

---

① 万利平,陈燕.云计算在教育信息化中的应用探究[J].中国教育信息化(高教职教).2009,(9):74—77.

（一）构筑云教育平台，将使成教资源合建共享成本大大降低

在全域范围开展实施成教资源合建共享，是一项涉及大量人力、物力、财力的复杂工程。其主要原因在于成人教育的教育对象数量庞大、学习者学习需求多样、教学管理主体多元等教育现实，加之杭州又是一个下辖 13 个区县（市）的省会城市，这些给全域成教资源合建共享带来很大的挑战。事实上，以传统方式推动成教资源建设共享需要花费更多的时间、金钱，也需要投入更多的人负责相关组织管理工作，例如在以往课程共享实验中，人们往往依赖传统纸质媒介和印刷技术，随着资源共享范围的扩大，其成本投入也相应地在翻倍增长。即使在云教育出现前的教育数字化建设初期，海量信息的处理与存储仍对资源共享者的本地硬件提出了相当高的要求。而云计算的出现，为投入较低教育成本，换取较高品质的教育服务提供了现实的技术支持，甚至一些终端用户只需配备有操作系统和浏览软件的联网计算机即可享用到优质的教育资源。

（二）构筑云教育平台，将使成教资源合建共享更加方便快捷

在全域范围打造成教云教育平台，除了能有效降低资源合建共享的各种成本外，其信息随时获取、按需使用，资源随时扩展的特性，也能给各项工作带来很大的便利。首先，资源供求信息将实现实时更新。身处云教育平台之中，人们不必再为发布资源需求的繁琐程序，以及资源供给的漫长等待而一筹莫展，功能强大的教育服务系统将采用智能化技术迅速为你检索到最适用的资源，而利用分布式与并行计算技术将更快地组建出客户端提出的需求资源。其次，信息沟通与反馈的时效性将大大加强。通常，传统工作方式下，联盟间要召开重要工作会议，基本上还是要依赖现场面对面的方式，而在云教育平台上，人们只需要装载一款多点互动视频会议软件，沟通问题将变得更加轻松便捷。最后，其也能有效减轻终端用户的信息管理负担。在云教育平台中，庞大的数据计算与存储只是由一个或几个大型的服务器所承担的，而一些小型工作站，特别是终端用户基本是不需要担心系统漏洞、病毒入侵、软件升级等问题的。因此，建设云教育平台将提高成人教

育机构信息化程度,有利于在更大范围内方便快捷地实现资源共享。

(三)构筑云教育平台,将使成人参与片断学习、移动学习成为现实

将内容丰富、形式多样的教育资源共享到云教育平台之中,将给成人学习方式带来一场巨大的变革。处于劳动年龄段的成人,由于其社会角色的多样化、社会职责的繁重性、学习时间的零散性等现实情况,往往不能深入参与到学习当中。而通过云教育平台,成人一方面可以借助手机、掌上电脑等移动通讯设备轻松进入网上学习环境,在这里既有实用且丰富的学习资源,又有伙伴交流与专家引领式的良好学习环境,学习者不再是被动接受信息的角色,而是自主参与建构知识的真正主体;另一方面,由于云教育平台中对呈现的教学内容都进行了科学的分割,这使人们随时随地都可以参与片断学习。基于云教育平台的片断学习、移动学习为人们实现"时时处处学习"提供了切实可行的条件,而这也将有效推动成人教育公平发展。

二、云教育平台合建共享的基本内容

运用云计算的技术与方式推动全域成教资源的合建共享,将为当今社会实现"人人皆学、时时能学、处处可学"的美好愿景提供若干的可能性。关于云教育平台合建共享的基本内容,包括硬件资源、软件资源两个方面。硬件资源涉及支撑云教育应用的一切设施和设备,如性能强劲的服务器、电脑、机房等。而软件资源则主要是信息平台和数字化资源。事实上,随着云计算技术的不断发展成熟,国内外出现了很多开源或商业化的平台,如Apache基金会的 Hadoop、上海世纪互联公司的 Viacloud 等。而如何充分利用平台建设与共享丰富的教育资源则成为云教育在成教应用成败的关键所在。

(一)课程资源

为了能够让更多的成人享受到高品质的学习资源,项目组的相关工作人员认为,全域成教云教育平台首先要建设若干优质的数字化课程(网络课程)。在设计数字化课程的时候,相关开发人员充分把握了三个方面的问

题:其一,碎片化,即在呈现课程的时候应将系统的、长篇大论的学习内容进行科学分割,基本实现十分钟学习一个知识点为目标。其二,交互性,即要创造便于成人学习者深入参与学习的机会,如采用实时作答、讨论的方式来增加课程的趣味性与生动性。其三,个性化,即在选择课程内容时,要尽可能贴近成人日常工作生活,同时也要紧密联系社会发展实际,呈现跨学科的知识。

(二)师资信息

传统线下的成教师资建设与共享,不但投入成本高,而且信息更新维护速度慢,操作程序也非常繁琐。借助云教育平台推动全域成教师资的合建共享则很好地解决了这些问题。项目组设计的平台功能,除了有实时检索、更新师资需求与供给的情况外,还可呈现教师的专长介绍、目前受聘情况以及当前可授课时间等信息。通过这些功能,一方面可以及时了解到不同区县(市)成人教育机构的师资需求信息,而这种需求借助网络又能够马上被其他成员单位了解到,从而保证教师资源的实时共享;另一方面,借助网络,各联盟成员单位也可以方便地对所聘教师进行评价,这些评价信息不仅会激发教师主动性,努力提升其专业水平,而且其授课风格及受欢迎程度也会给全域成教机构聘请适宜的教师提供重要的参考。

(三)教学(培训)资源

成人教育的工作重心主要是开展贴近百姓日常工作生活,符合其多样化学习需求的各类教学培训活动,从而能够帮助成人真正学会学习、学会生活、学会工作。因此,打造全域成教云教育平台,就必须重视培训资源的建设问题。对此,项目组突出强调了两方面:其一,增加视频类教学培训资源,实践证明,一些实用程度强、符合大众需求的视频资源特别受人们的欢迎,如家常菜的烹饪、日常养生保健等。同时,项目组也正探索尝试多点互动实时视频系统,这套应用系统能让身处不同区县(市)的学习者实时参与到教学培训中,而且学习者与名师以及学习者内部都可以根据现实需要进行实时互动,从而使教学反馈更加及时有效。其二,利用平台,联盟单位也会及时发布线下教学培训信息，以供人们选择学习。

（四）科研资源

成人教育，特别是社区教育在中国的发展还处于实验探索阶段，缺少坚实的理论基础和丰富的实践经验，因此，一直以来杭州市特别注重通过理论结合实际的方式来加强成教科研力量。在搭建全域云教育平台过程中，联盟单位就达成了共识，各单位必须合力开发与共享一些基层相关人员急需的成教科研资源，包括成教论文、电子专著、项目报告、学习需求调查问卷及情况分析、访谈提纲、研究方法的应用，等等，从而通过科研项目合作的方式，实现全市成教单位间经验交流、启迪实践的最终目的。事实上，包括每年一届的杭州市成人教育论文评比、市成人教育实验项目申报与实施及市成人教育年度规划课题项目等在内的前期全市层面的成教科研实践活动，都为全域科研资源建设与共享提供了有力抓手。

三、云教育平台合建共享的路径选择

"全域成教云"是杭州市项目组基于区域云的概念，提出的一种全域资源合建共享的创新理念与实践目标。所谓区域云是基于云计算技术所构建的区域范围内的网络基础设施环境，利用虚拟化的硬件、软件共享平台最大程度上整合区域内外的网络和服务器资源，实现用户按需获取资源和服务。[①] 通过构建"全域成教云"，杭州市将在技术上实现教育内外硬件和软件资源的有效整合，节约投入和运营成本，大大提高教育效益。结合杭州市成人教育发展实际，项目组采用"新建＋聚合"的方式，创新工作思路，初步形成了全域成教资源网格。

（一）合力建设"多网协作"的全域成教平台

通过前期调研，项目组了解到近些年，各区县（市）在成教数字化平台建设方面已经做了不少工作，特别是像上城区、下城区、拱墅区等几个区，已经

---

① 彭红光.基于区域云的教育信息资源配置初探[J].中国教育信息化（基础教育）.2011,(16):86.

分别建成了拥有良好软硬件设施及群众参与基础的成人教育网站。与此同时，其他一些地区尽管也不同程度地开发了成教方面的网站或版块，但其更多局限于当地成教新闻报道的平台。基于此，项目组决定在全市范围建立起一个"多网协作"式的全域成教平台。具体实现流程见图4-3。首先通过自愿参与的方式组建一个"云委员会"，由其牵头负责整项工作的推进及后期管理工作，进而由杭州市成人教育研究室负责开发一个市级层面的资源集聚中心（"社区共学网"），最终，整合联结各区县（市）多个网站，利用云计算技术辐射更多的成教单位，从而为全市广大居民提供优质的教育培训服务。

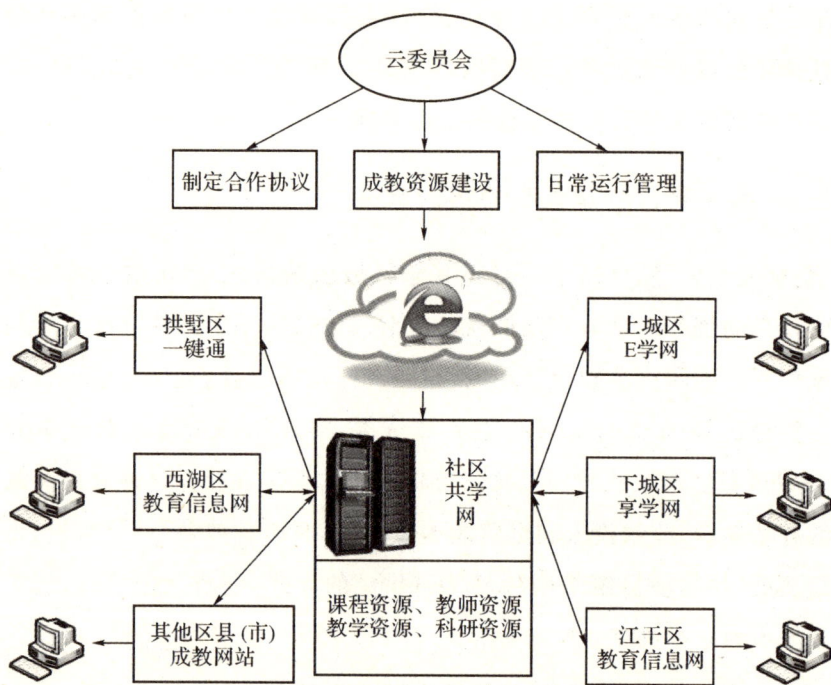

图4-3 杭州市成教全域云教育平台实现图

1. 组建"云委员会"

"全域成教云"的构建与运行，需要大量的资金、技术、人员等力量支持。为了能够实现项目建设的统一组织与管理，包括上城区、下城区、拱墅区、江干区、西湖区等杭州市各区县（市）成人教育（社区教育）机构和杭州市成人教育教育研究室的代表自愿组建了一个"云委员会"。这个委员会的具体职责包括三个方面：协商确定多方的权责利；组织实施成教数字化资源建设系列工作；建立长效工作机制负责"全域成教云"平台的日常运行管理。可以说，"云委员会"的正常运作是顺利实施"全域成教云"项目，维持其良好管理调度秩序的关键所在。

2. 开发"社区共学网"

经过"云委员会"全体成员的协商，决定由杭州市成人教育研究室承担全域成教云服务运营中心。针对杭州市目前仍然没有市级层面的成人教育资源整合平台，市成教研究室采用招投标方式确立了一家目前国内规模最大、技术最为领先的专业电子化教育运营和学习网络服务商，组织专人打造"社区共学网"。云计算技术提供了平台即服务（PaaS，即 Platform-as-a-Service）式的应用形式，用户可以在供应商的基础架构上创建自己的应用软件来运行，然后通过网络可直接从供应商的服务器上传给其他用户。① 利用"社区共学网"，项目组重点建设了成人教育课程资源、教师资源、教学资源和科研资源等四方面的数字化资源。

3. 整合与辐射优质成教资源

"全域成教云"的建设采用了"集约式"方式，即在重新开发成教数字化资源的同时，云委员会还充分调动了各成员单位的积极性，将分散在各区县（市）的优质资源充分整合了起来，这其中主要包括"e学网"、"享学网"、"一键通"三个运营相对比较成熟，又具有资源互补性的网络平台。

上城区的"e学网"（http://www.3exw.com/）主要是为满足市民不断增长的网络学习需求而建立起来的"网络虚拟学习社区"。"e学网"按照学习层次、类型、学习资源媒体功用和格式不同，建有汇智图书馆、小课电影院、资源共享广场、益智游艺厅、天籁音乐厅、亲子俱乐部、生活博物馆、网上大贡院、公仆学堂、职场学堂十大学习场馆 300 余门课程，涉及青少年儿童、

---

① 王容婧. 云计算时代的教育信息资源建设[J]. 软件导刊·教育技术. 2009,(8):93.

成年人、老年人等人群课外学习、职场充电、艺术修养、健康生活等多方面的学习需求。每个学习场馆均设置有"在线答疑"功能,定期由志愿者负责网上指导与在线管理,使任何一个学习者均可以借助平台享受到快捷、个性化的教育服务,体现了该网络平台可靠、安全、兼容、迅捷、易用、可管理等六大特色。

下城区的"享学网"(http://www.apclc.com/)定位则主要是成人教育专业性社区教育网站。下城区社区学院作为亚太教育资源中心,将其作为一个结构完整、功能齐全、动态发展、开放高效并与国际接轨的资源平台,通过成立"享学网"这个传播媒体,将成人教育方面的教育教学信息、课程、科研等多项内容在网络上进行交流和传播,使其逐渐成为一个针对性强、内容涵盖丰富、内容更新及时并准确的成人教育专业性社区教育网站,在业界具有显著影响力。

拱墅区的"一键通"(http://www.okaypass.com/)工程,主要是为了能够更加科学有效地促进"线下学习"与"线上学习"的整合以及"点面整合",加快拱墅区建设数字化社区教育的进程。其服务人群已达 10 万余人,拱墅市民学习卡持卡人数 4 万,网上注册人数达 7 万,网站点击量超过 75 万人次,年培训总量为 126984 人次。配套的"学习卡"让大家更方便学习。目前拱墅市民学习卡发放量为 10 万余人,网络注册学习人员达 7 万余人。

由于云计算技术具有海量存储计算,且用户轻负载甚至是零负载的特性,因此,项目借助运营商提供的服务器将上城、下城、拱墅及其他区县(市)的优质成教数字化资源整合了起来。同时,云教育平台具有几乎无限的扩展性,其提供的学习场所环境支持服务、数字化学习资源支持服务、数字化管理支持服务、后勤管理支持服务为杭州市全域范围内越来越多的各成教机构所用,使越来越多的广大居民享受到云教育的便利。

(二)精心设计"多点互连"的实时视频系统

为了真正有效地发挥云教育平台的优越性,项目组有针对性地开发了一系列资源合建共享的应用系统。除了为解决资源供求信息交流效率低下的问题建立了数字化成教资源需求供给实时发布系统外,"多点互连"的实时视频系统也正受到越来越多的成教机构和学习者的欢迎。例如拱墅区米市巷街道就已经采用这种多点互连实时视频系统,实行了"1+6"视频网络远程教育模式。这种在 7 个社区之间实行的"1+6"式的实时视频数字化应用系统,实现了 1 个社区总会场授课,6 个社区分会场同步收看收听并进行互动问答的目标。事实上,这种应用在很大程度上能够解决师资互派时空受限的问题,而且能够充分整合各区县(市)内部的成教资源,将党建、计生、卫生、妇联、共青团、工会等部门以及民间组织与特色团体的资源有机整合起来,从而发挥出最大的效应。

(三)倾力打造"覆盖全域"的电子学习地图

电子学习地图是全域合建共享共同体基于云教育平台打造的一个方便广大成人学习者参与学习共同体学习的信息应用系统。如图 4-4,通过登录社区共学网,人们可以方便快捷地检索到所在区县(市)有哪些学习共同体,以及这些学习共同体的学习内容、时间、地点等信息。所谓社区成人学习共同体,就是社区居民基于共同的兴趣、爱好及学习需求,在平等、互助的原则下,自发组织开展学习活动的一种群众性团队。其成员在一定支撑环境中

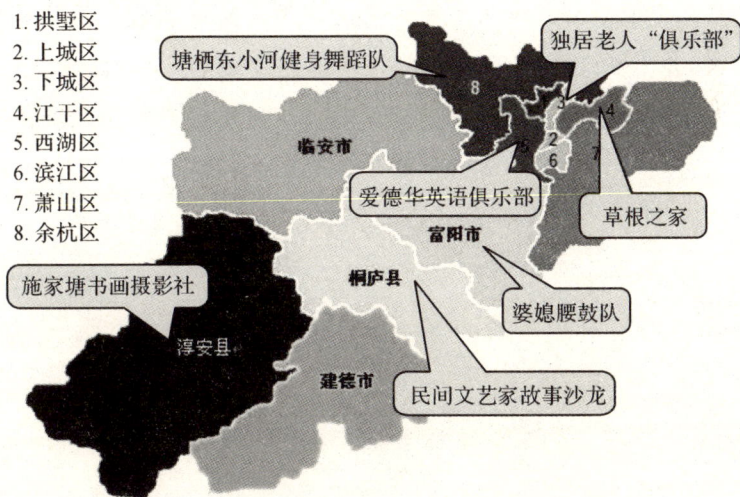

1. 拱墅区
2. 上城区
3. 下城区
4. 江干区
5. 西湖区
6. 滨江区
7. 萧山区
8. 余杭区

塘栖东小河健身舞蹈队
独居老人"俱乐部"
临安市
爱德华英语俱乐部
草根之家
施家塘书画摄影社
淳安县
富阳市
桐庐县
婆媳腰鼓队
建德市
民间文艺家故事沙龙

图 4-4　杭州市成人教育"电子学习地图"

— 107 —

共同学习,共同完成一定的学习项目,分享学习资源、情感、体验和观念,通过对话、交流、学习等活动,形成良好的人际关系和较强的团队归属感。①

事实上,经过近些年大力发掘与培育,杭州市全域范围内的社区学习共同体总量越来越多,类型也越来越丰富。如西湖区6个街镇53个社区规模较大的就有198个群众团队,江干区8个街镇48个社区有500多个学习团队,拱墅区6个街镇有300多个学习团队,下城区8个街镇72个社区有400多个学习团队等,这些团队凝聚起了相当数量的社区居民,而其学习主动、持续参与,表现出强大的生命力。开展的活动内容涉及文化艺术、体育健身、休闲娱乐、公益服务、手工技艺五大类。而且其包括基于网络平台的虚拟性学习共同体和基于现实生活的实体性学习共同体,比较知名的虚拟性共同体有"站起来网站"、"尘世沙客",实体性共同体有湖畔社区爱德华英语俱乐部、景新书画苑、大关东一社区姐妹编织社等。采用电子学习地图的信息发布及查询检索方式,将更有利于人们参与这种生活化、民主化的学习方式,必将有效促进社区居民终身学习,促进广大居民全面发展和生活质量的不断提高。

以教育信息化促进教育现代化,是我国现代教育事业发展的战略选择。正如麻省理工学院副院长俞久平所认为的,"教育是可以通过不断扩展接触信息的途径,并不断鼓励更多的人参与来得到发展的"。可以预见,基于云教育平台的全域成教课程、师资、教学培训及科研实践等资源的合建与共享将给成人教育发展及成人的日常生活和学习带来一场翻天覆地的变革。

---

① 汪国新.基于"社区学习共同体"的学习——一种新的成人学习方式[J].中国成人教育.2010,(12):6.

第五章

同质合作型共同体的建设

同质合作型共同体是由成人教育机构为了实现一定的目标,通过建立密切的合作关系而形成的成人教育共同体类型。它具有同质性、紧密性、集中性和互补性等特征。

同质合作型共同体是由成人教育机构为了实现一定的目标,通过建立密切的合作关系而形成的成人教育共同体类型。它具有同质性、紧密性、集中性和互补性等特征。同质性是指同质合作型共同体的成员单位都是成人教育机构。同质合作型共同体成员间的关系具有紧密性的特征。同质合作型共同体要求成员单位在地理位置上具有相邻性。只有空间上的相邻才能够实现区域内资源的合建共享,实现小范围内的高效合作。在同一个共同体内部,各成员单位可以进行有效分工实现差异化发展,实现在共同体中的功能互补,这是同质合作型共同体的主要特征。所谓互补性就是共同体内各单位,结合当地经济社会发展的实际情况,发展自己的特色培训项目,从而在某一个特殊培训领域内形成优势,更好地为当地百姓提供教育培训服务,为共同体其他单位提供项目支持。

第一节　方式一：星球型共同体

　　星球型共同体是以一所社区学院为中心,社区分院为骨干,社区教学点为基点而组建的,在一定区域内提供成人教育服务的成人教育共同体。

　　星球型共同体是同质合作型共同体的一种重要类型,其主要特征在于共同体成员并非完全的平等关系,而是按照在共同体内所处位置不同分为中心成员及一般成员。在本书所采用的案例中,中心成员为社区学院,但是就一般情况来说,区域性中心成校也可以作为星球型共同体的中心成员。在中心成员外是一般成员,一般成员可以是社区分院及一般成校。为了扩大星球型共同体的影响,提高其办学能力,通常村或社区一级的教学点也被纳入到星球型共同体之中。

本模式主要以杭州市西湖区之江社区学院建立的星球型成人教育共同体为例,介绍星球型共同体的基本内容、构建基础及运行机制。

一、星球型共同体的基本结构

建设"生产发展、生活宽裕、乡风文明、村容整洁、管理民主"的社会主义新农村,需要有优质的农村成人教育做保障。农村城市化进展加快,农村居民对成人教育的需求越来越迫切,农村成人教育开始回暖。原有的"一乡(镇)一人一成校"的传统成人教育体制,各行其是的管理模式,已经不适应农村成人教育的发展。因此,采用新的发展方式,整合农村成人教育资源,

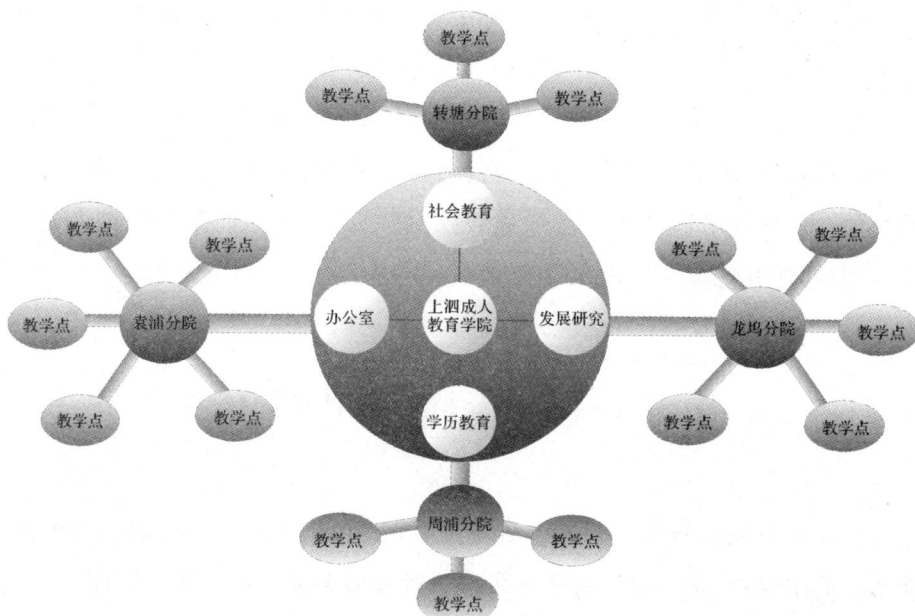

图 5-1　星球型共同体结构模型

实现成人教育规模化、集团化、区域化,从而有效推动区域成人教育发展的重要途径,是一个新的突破点。星球型共同体结构模式如图5-1。

杭州市西湖区上泗地区将原有转塘、袁浦、龙坞镇和周浦乡成人文化技术学校合并成立上泗成人教育学院(后更名为之江社区学院),下设办公室、社会教育部、发展研究部、学历提高部。在原来的四乡镇设立四分院,并在各社区(村)建立教学点,共计71个。各教学点成立由村(社区)主要领导担任组长的教学点领导小组,领导小组设立由文教委员或大学生村官担任的教学点负责人,分院教师担任业务指导员,开展具体工作,形成了以之江社区学院为核心的生态的成人教育运作模式。

二、星球型共同体的构建基础

(一)星球型共同体的组织基础

星球型共同体的组织基础尤为重要,因为星球型成人教育共同体需要较强的协调能力,中心成校或社区学院需要对一般成校或社区分院具有较强的指导功能和协调功能。在之江社区学院建立的星球型成人教育共同体中,也具备较为强大的组织基础。

之江社区学院星球型共同体,成立了由区教育局党委书记、局长为主任,转塘街道党工委副主任、双浦镇副镇长为副主任、区教育局成教科科长、之江社区学院书记、院长等为委员的"上泗成人教育共同体委员会"。委员会是上泗地区成人教育共同体议事协调机构,它对上泗成人教育具有组织领导、统筹协调、宏观管理的职能。

(二)星球型共同体的契约基础

星球型共同体的契约基础相对来说较为简单,因为共同体组成单位具有一定的业务指导关系,无论是社区分院还是教学点,都乐于接受社区学院的统一计划和协调。因此,这种组织化程度较高的共同体的契约主要体现在例会制度中,例会制度维系着共同体的顺畅运行,并保障共同体的活力。

例会制度是组织内部实现依据约定的惯例每隔一定期限举行一次的会

议,最常见的是办公会。例会的进行通常需要制度的规范,又称例会制度。例会制度可以实现有效管理,促进公司上下的沟通与合作;提高公司各部门执行工作目标的效率,追踪各部门工作进度;集思广益,提出改进性及开展性的工作方案;协调各部门的工作方法、工作进度、人员及设备的调配。

例会制度是星球型共同体内部沟通的重要制度,为加强对上泗地区成人教育共同体成员单位的指导,学院每月进行一次教学点负责人例会,汇报工作展开、教育培训活动及布置工作任务等。

案例 5-2　示范推动中的契约关系

为推动教学点的工作,提升教学点办学能力,根据办学硬件条件、工作成绩、管理等,学院每年进行一次示范性教学点的申报、评估、审定工作,并由区教育局认定西湖区成人教育示范教学点荣誉单位。目前,已有 15 个教学点被确立为西湖区示范教学点。

通过评选示范教学点的方式,鼓励各教学点积极改善办学条件,提高办学水平,其实是在社区学院与教学点之间建立了一种契约关系。教学点申报示范教学点的评估意味着教学点已经认同了社区学院对教学点的期望,而社区学院对示示范教学点的奖励则促进了这种契约关系的生成。

(三)星球型共同体的资源基础

星球型共同体的资源基础建立在系统内部资源的整合与系统外部资源的开发上。系统内部资源就是星球型共同体成员单位所拥有的资源,外部资源则是教育系统之外所能开发利用的各类社会教育资源的总和。

案例 5-3　之江社区学院建立资源圈

之江社区学院通过建立一个资源圈实现了共同体范围内外的资源整合与活化。具体情况见图 5-2 与表 5-1。

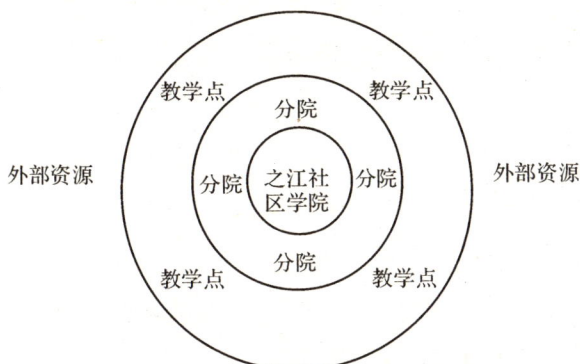

图 5-2 之江社区学院成人教育共同体"资源圈"示意图

表 5-1 之江社区学院成人教育共同体资源整合情况

资源名称	合作单位部门	合作开发课程
学校资源	中国美术学院、浙江工业大学、杭州市委党校、西湖职业高中、西湖实验学校、上泗中学、袁浦中学、周浦中学、转塘小学、周浦小学、袁浦小学	书画艺术、庭院绿化、政策法律、党知党性、新农村建设、烹饪、计算机、旅游、餐厅服务、青少年校外教育、家庭教育等
医疗卫生资源	省人民医院望江山疗养院、西湖第二人民医院、龙坞社区卫生服务中心、周浦社区卫生服务中心、转塘社区卫生服务中心、袁浦社区卫生服务中心	卫生保健、妇女保健
企业技术资源	杭州东风造船厂、杭州挂车厂	电焊工、车工、磨具工
职能部门资源	杭州市茶叶研究所、杭州市农业科学研究院、西湖区农技推广中心、转塘街道农技推广站、双浦镇农技推广站、转塘街道劳动保障服务站、双浦镇劳动保障服务站	"西湖龙井茶"茶叶栽培制作、沼虾甲鱼养殖、大棚蔬菜水果栽培、就业指导、社会保障
社会办学机构	杭州国力专修学校、浙江今明专修学校、杭州人才专修学校	二产、三产技能,学历教育
规模农业基地资源	南村大棚蔬菜基地、大清茶叶栽培与制作基地、杭富甲鱼养殖基地、兰溪口沼虾养殖基地	"四大"特色农业培训实践基地
其他资源	西湖交警支队　部队	交通法规　军民共建

三、星球型共同体的运行机制

（一）共同体目标的设定与管理

星球型共同体的内部协调能力较强，因此它的合建机制能够做到合建目标的统一性、合建过程的分级管理、合建内容的错位发展。这种强大的合建机制保障了星球型共同体的运作效率，提高了区域内成人教育资源利用率，更好地满足了当地人民的学习需求。

星球型共同体的目标制定，能够紧紧贴近地区经济社会发展的实际。避免了各个学校各自为政所带来的成人教育培训项目的无序性，从而在地区上形成了一定的成人教育合力。

案例5-4　之江社区学院星球型共同体的目标

上泗地区地处杭州城郊，城市化进程很快，成人教育共同体为每一个农民服务，提升新农村品位，以此推动学习型乡村建设，形成浓厚的学习氛围，改变农民生活方式，提高农民生活品质。

星球型共同体可以实施分级管理。共同体内各级成员在共同体中实现不同的的功能，相互之间既分工又合作，实现良好的互动关系。

案例5-5　星球自转与公转

之江社区学院、各分院及各教学点都具有独立运作的造血功能，又可以发挥学院统筹协调、分院具体指导的综合功能，既能自转，又能公转，是上泗地区成人教育共同体的最大特色。

（二）培训项目的联合开发与开展

在一个区域内，社会经济发展总会形成一些主导产业或特色产业，这些产业的形成决定了农民的学习需求。因此，星球型共同体可以依据当地的产业特征制订特色发展的合建计划，能够更快更好地形成成人教育的龙头项目。龙头项目就是适应成人教育共同体范围内广大农民学习需求的优质教育或学习项目，成人教育共同体的建立推动了龙头项目的开发。集合共同体的力量,大力开发几个深受农民学习欢迎的项目是成人教育共同体共享机制的重要内容。龙头项目的共享就是在开展龙头培训项目的时候,扩大培训规模,扩大培训覆盖面,让更多的农民能够参加培训,以集中培训的方式扩大培训的影响。

案例5-6　星球型共同体的特色化发展

通过整合、筛选、调整、优化,确立了龙坞以"西湖龙井茶"种植、转塘以大棚蔬菜种植、周浦以甲鱼养殖、袁浦以罗氏沼虾养殖为主的"四大"农业特色产业,通过培训,推动产业规模化、品牌化发展,引导农民从单一的传统种植业向特色产业转移,帮助他们由原来单一的种植结构向以种养殖为主体,运输、营销、保鲜和加工等为一体的"产、销、加"相结合的新型农业产业方向发展,使传统农业产业逐步向二产、三产方向转移,进一步优化产业结构,促进农业的可持续发展。

星球型共同体通过联合开发成人教育的龙头项目,共同开展培训项目等,促进了教育资源的有效整合与利用,启动了各共同体成员单位运作功能,使培训内容更丰富,更具特色,既便利了学员参与学习,同时也让学员学习适合自己胃口的内容,在区域内可选择性参与自主学习,满足学习需求,使受训人员逐年增加,而且质量也有更大的提高,实现共建共享、自主自治、休戚与共的生态型运作方式。

（三）共同体资源建设的共建与共享

资源的共建与共享是星球型共同体的重要功能,为了实现这一功能,星球型共同体可以采用一家合作多方共享的方式。

案例5-7　农培基地的合建与共享

之江社区学院星球型共同体的建立整合了当地培训资源。各成员单位纷纷通过联手行业协会、科技园区、农技站,为当地"四大"龙头产业——茶叶、罗氏沼虾、大棚蔬菜、甲鱼建立实用技能培训基地。这些基地集教学、实训、技能等级鉴定考试、产供销指导为一体,为上泗农民提供高效、优质、全方位的服务。基地建成之后,是面向当地所有农民开放的,也就是说,共同体所有成员单位都可以到这些基地开展培训活动。

从案例中我们可以发现,在星球型共同体中,任何一家成员单位与其他社会机构开展合作建立的各种培训基地,争取的各种培训资源,在共同体内都可以实现多家共享。对现有的资源来说,这极大提高了资源的利用效率,对成人教育机构来说,意味着增加了资源的总量,是一种双赢走向多赢的良好机制。

第二节　方式二：五连环型共同体

五连环型共同体是由一定范围内乡镇成人文化技术学校根据当地经济发展需要,在立足学校自身发展的基础上,通过建立"成校特色互助圈",为促进学校间的联合发展而组建成的成人教育共同体。

五连环型共同体的主要特征就是平等的成校之间组成一个合作的联盟,联盟之间又通过合作而形成更大的连环。换句话说,五连环型共同体可以被称之为共同体的共同体。

本模式主要以杭州临安市五连环型共同体建设过程为例,说明五连环型成人教育共同体的基本内容、主要基础及运行机制。

一、五连环型共同体的结构

成校布局一直以一镇一校为主要模式。这在成人教育资源投入极为有限的情况下,造成了资源的过度分散。五连环型成人教育共同体的构建,就是为了解决成人教育资源分布过散而无法实现聚集效应的困难。

案例 5-8　临安市建立五连环型成人教育共同体的背景

临安市域东西长达 100 公里,中心城区偏于市域东部。其地形西北高东南低,差别悬殊,西北南三面环山,向东呈马蹄形开口。全市总面积3126.8 平方公里,辖 7 个乡、15 镇、4 个街道,有 298 行政村、26 个居委会,其中 11 个社区,总人口 51.4 万,人口分布不均,山区乡镇地广人稀。临安市由于受到多方原因影响,目前成校发展态势不容乐观,临安市只有 3 所成校具有独立法人资格,26 所成校当中仅有 3 所省示范性成校、6 所省一级成校,加强成校建设迫在眉睫。

临安市人均受教育年限为 8.41 年,在杭州市七市县中排倒数第二,提高人均受教育年限,加强人力资源开发任务艰巨。同时,临安市经济发展特色鲜明,特色农业走向成熟,今后继续开展农业技能培训需要不断提高培训档次和质量,就目前的发展趋势来看,现有成人教育规模还不能满足临安市经济社会发展需求。为此,有必要加大成校建设力度。

临安市政府深刻认识到成人教育在经济社会发展中的重要作用和意义,高度重视成人教育的发展,"十二五"规划中提出"逐步建立起具有独立法人的区域性成人文化技术学校",临安市教育局也将出台相关政策大力推动成校的发展。政府的重视和支持,为临安市成校提供了一次跨越式发展的机遇。

案例 5-9　临安市五连环型共同体结构模式

在本结构模式中(见图 5-3),中间三个小圆形表示的是根据地域范围而结成的特色成校互助圈,它们分别是:

锦城—玲珑片企业职工教育特色圈

以锦城成校为中心打造了企业职工教育特色圈,主要以企业迫切需要的技能培训、操作人才培训为重点,以岗前培训、岗位培训、人才储备为抓手,为当地工业经济发展量身打造了一套成人教育计划。

於潜生态农业教育特色圈

以於潜成校为中心打造了生态农业教育特色圈,主要以生态农业科技推广为重点,以农村实用技能培训为抓手,以生猪养殖、竹笋栽培、高山蔬菜等为品牌,为当地农民依靠科技致富创造一个丰富的学习空间。

昌化山核桃教育特色圈

以昌化成校为中心打造了山核桃教育特色圈,以山核桃种植、生产加工、销售生产链为依托,为特色农业打造完整培训链,为促进当地山核桃产业的科学发展奠定坚实的人才基础。

上面的椭圆形是超越了地域范围限制,旅游产业发达地区成校所组建成的特色成校互助圈——清凉峰—天目山旅游教育特色圈。该特色圈以清凉峰成校、天目山成校为中心,打造旅游教育特色圈,以农家乐、旅游企业职工培训为抓手,为临安市旅游产业的健康发展提供系列培训。

虚线方框表示临安市范围,方框外成人教育机构用六边形表示。

下面的椭圆形是超出了临安市范围,农村成人教育机构与城区成人教育机构建立的特色学校互助圈,该特色圈以於潜镇成校、余杭镇成校为中心,打造城乡成人教育结对互助特色圈,将特色圈扩展到区域之外,并成为联系城乡成人教育的重要纽带。

这五个特色成校互助圈就是五连环型共同体的基础,通过将五个特色成校互助圈相联系,在所有成校中实现资源的共建共享,从而构建了更大范围的成人教育共同体。

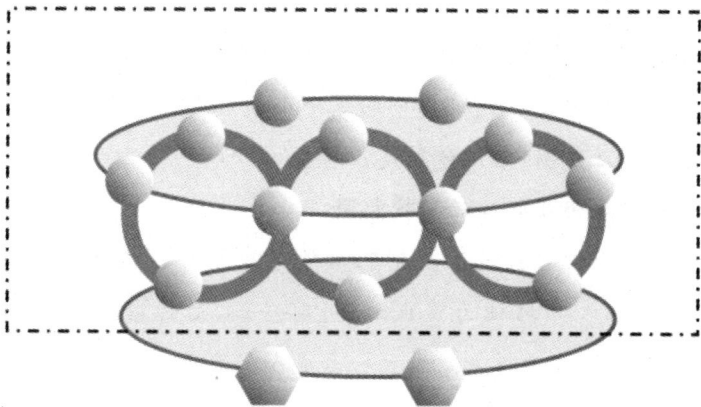

图 5-3　临安市五连环型成人教育共同体结构模型

二、五连环型共同体的构建基础

(一)五连环型共同体的契约基础

契约基础对于五连环型成人教育共同体来说同样重要。契约签订形式则又区别于其他成人教育共同体。首先,五连环型成人教育共同体内每一个特色成校互助圈都需要签订一份协议书。特色圈的协议书是五连环型成人教育共同体最为重要的契约基础。

案例 5-10　特色圈成校共同发展合作协议书

特色学校互助圈是一种相对松散的组织,以成员学校资源参加为基础。为了明确成员单位的权利和责任,我们拟定了《特色圈成校共同发展合作协议书》。

特色圈成校共同发展合作协议书

为了创建成人教育联动发展平台,走一条成校特色化发展道路,进一步扩大优质教育培训资源,不断提高全市成人教育的整体水平,激活成校内部管理机制,促进互助圈内共同体成员在办学、管理、师资、效益等方面的全面提升,特此建立分别以锦城成校、於潜成校、昌化成校为核心的玲珑片、於潜片、昌化片各成校组成的互助共同体。

一、共同商议章程,明确权利义务。互助共同体必须坚持互惠、互利、共享、共赢为宗旨,各互助共同体成员与本区域核心成校签订协议书,共同商定活动章程,确定相互间的权利与义务。

二、核心成校必须召集本区域互助共同体成员举行不少于两次工作联席会议,进行商讨、交流、沟通,并达成共同体间发展的共同愿景,制订近期目标、工作计划、会议制度。

三、建立组织机构,明确工作任务。以核心成员牵头,成立互助共同体领导小组,由小组负责制订中长期规划,召集讨论活动安排,各成员单位积极配合活动的实施。

四、落实活动经费,确保活动开展。共同体实施的活动,各成员单位要积极支持,所需的场地、设备要给予提供,所需活动经费根据勤俭节约的原则,由各成员分担。

五、利用网络平台,实现师资交流。各成员单位要提供师资信息,由核心组汇集入档,成员单位在开展教育培训需要时,可及时予以调派。

六、探索发展机制,提升工作内涵。各成员单位要建优美环境、师生和谐、科研成果、特色创新的互助共同体发展性评价机制,要成立督导评估组,促成共同发展。

特色圈成员学校均需签订该协议书,并按照协议书要求每个特色圈建立相应的组织机构和工作制度,并逐渐完善相关制度和机制的建设。如於潜片组织的持枪人培训,就是在特色圈内多校联合开展的一次培训项目。由于持枪人的人数较少,集中到一所成校开展培训就能够极大地提高培训效率。

(二)组织基础

五连环型成人教育共同体的组织基础也具有一定的特色,首先成立的管理组织应该是分散和灵活的,其次管理组织之间应该建立比较密切的合作关系,加强组织之间的交流互动,在小组织基础上建立五连环型成人教育共同体的总的领导组织。

下面介绍案例中特色圈的组织建立及其相关内容。这样的小组织在五个特色圈中都存在。五个组织又建立一种联系,从而成为协调整个五连环型成人教育共同体的组织基础。

案例 5-11 特色圈成校共同发展合作章程

於潜成校、潜川成校、太阳成校、澡溪成校、乐平成校、西天目成校、横路成校已经制定了特色圈成校共同发展合作章程。这就标志着特色圈的活动从此以后有章可循。章程明确了特色圈的性质、合作学校的合作宗旨、合作载体、工作(建议讨论稿)。

······ ······

第二条 合作学校性质:本组织是在辅导站的指导下,各参与成员单位相互配合共同参与的非营利性地方学校,主要在教育培训、科研活动等方面共同合作、共同发展。

······ ······

第七条 办公地点:各轮值学校。

第八条 各校校长任教科研共同发展合作轮值组长,各校分管教学的副校长和主任为成员,每校任期一年,任期结束后,由各校通过协商的方式推举下一届轮值学校。各校培训主任负责具体任务的落实与安排。

······ ······

(三)资源基础

一乡镇一成校的模式将有限的资源平摊在每一个乡镇,致使每一所成校都无法上规模上档次,严重制约了农村成人教育的发展。特别是在现阶段,农村成人教育扫盲任务已经完成,新的任务是提高农村人口文化素质,任务难度加大,必须从整体上加强成校的办学能力。

聚集效应是一种常见的经济现象。在农村成人教育的发展上,也可以借鉴聚集效应,把人员、设备、经费等优势聚集在一起,形成规模效益。

案例5-12 临安市成校撤并情况

在本案例中,临安市将有步骤地计划将那些办学条件薄弱的成校撤并到临近乡镇的成校,最终将现有的26所成校撤并为14所成校。这14所成校将成为临安市区域内成人教育发展的带动平台、管理和教育创新的试验平台。

为了让撤并后的14所成校真正成为本地区上规模上档次的成校,应该从资源投入上有所加强。首先是保证14所成校的建制,均应具备独立法人资格,核定人员编制,新教师向社会公开招聘,提高教师队伍的整体素质,降低教师队伍平均年龄。其次是应保证教学场地和教学设施满足教学需要,基本达到省级示范成校标准。第三要建立一支具有创新精神、富有管理经验的校长队伍。校长的选拔实施公开竞聘上岗,选拔一批年富力强、热爱成教事业的校长。

三、五连环型共同体的运行机制

(一)特色成校互助圈的运行机制

农村成校要办好学,取得良好的社会效益,就必须走特色化发展的道路。每一所学校都应该紧密结合当地实际,集中力量打造本校的核心竞争力,成为新时期学习型乡村建设的基层堡垒。同时,学校之间广泛开展合作,在互助中寻求更大的发展也是农村成校发展壮大的必要条件。

案例5-13　特色成校互助圈的建立

由于水系的作用,形成了昌化、於潜、临安三大河谷平原。在这种地形条件以及区位因素、行政建置等方面的因素共同影响下,形成临安以市区为中心,於潜、昌化为副中心,二、三产业集中于市域东部以市区为中心的城镇群,东部的发展水平明显高于西部地区。昌化地区以山核桃、旅游经济发展为特色,於潜地区以竹笋、种养殖生态农业发展为特色,玲珑地区则以工业经济发展为特色。

在这种背景下建立三个特色成校互助圈:锦城—玲珑片企业职工教育特色圈、於潜生态农业教育特色圈、昌化山核桃教育特色圈。

成人教育的师资资源非常匮乏,每一次开展培训聘请优秀的教师都是头等大事。为了实现教师资源的共享,临安市五连环型共同体还建立了特色圈的师资共享信息库。信息库已经收录了近50位兼职教师,其中涵盖了学历教育大专、本科班师资,劳动技能证书培训师资,农村实用技能培训师资,等等。信息库目前还需要进一步的建设,信息库的师资数量、信息采集、载体建设都需要不断完善。

(二)联合培训,实现教育过程共享

一个强大的成校网络的建设,归根到底要有一套完备的培训框架。目前,特色成校互助圈培训框架已经初步形成,这一框架的设计以提升农民素质为目标,以走进农民生活为原则,以丰富的培训内容为特色。在一些特色项目上,一些学校已经走到了同行前列,形成了一定的培训品牌。在互助圈的基础上,这些优秀的培训项目可以实现圈内共享,最大化地提高了这些优质资源的利用效率。

案例5-14　於潜镇成校生猪养殖培训项目

於潜镇成校与镇农办为深入落实科学发展观,加快发展全镇畜牧生产,全面提高基层动物防疫工作整体水平,进一步健全完善村级动物疫病防治队伍,提高村级兽医员和养猪大户的理论知识水平和专业技能,做好即将开始的夏季动物防疫工作,召集全镇村级兽医员和养猪大户在於潜镇成校举办一期《动物疫病防治员》培训班。

本次培训班为期近一个月,共有 68 人参加,市畜牧局吴丽娟副局长在培训班上作动员讲话,市畜牧兽医执法大队长王伟民讲课,另还将聘请浙江大学和浙江农科院教授前来授课,讲授业务理论知识和实用技术现场演示,培训的主要内容有:常用兽药基础知识;动物病理学基础知识;动物免疫学基础知识;动物传染病基础知识;动物寄生寄生虫防治基础知识;兽用生物制品基础知识;畜禽舍卫生消毒;动物疫苗的贮藏、接种;病死动物处理;疫情报告;相关法律法规知识学习;免疫标志和养殖档案;白条猪宰后检疫项目程序及过程和猪阉割术现场演示。这次培训针对性强,实用性强,村级兽医员和养猪大户易懂易操作。

通过培训使动物防疫员进一步明确动物疫病防治的重要性和必要性,在培训中学员学习态度端正,自觉遵守纪律,通过考核测评的学员将获得国家颁发的职业资格证书。

养殖培训一直是於潜成校的特色培训项目,一直以来具有较好的社会影响,培训质量不断提高,培训规模也逐渐扩大。目前,通过特色成校互助圈可以实现培训资源的区域共享。共享方式可以分为集中授课式共享、培训师资共享、培训资料共享等。从而将於潜成校独有的特色培训项目,通过特色互助圈在一定区域内实现了共享,并且可以在五连环型共同体的大型活动中不断交流,实际影响逐渐超出地域范围,向全临安市扩展。

(三)共同发展,实现教育成果的乘法效应

五连环型成人教育共同体的成果共享对各校特色培训项目工作起到了有力的推进作用,通过建立共同体,实现了以当地产业为导向的特色化发展。通过资源的有效整合切实提高山区成校的办学效率,其最终目标则在于提高成人教育培训的质和量。

整合后资源集中优势明显。五连环型成人教育共同体通过成果共享机制实现了教育覆盖面的扩大:第一,强化教学点建设。撤销成校的乡镇建立成校教学点。成校根据培训项目的实施需要,派遣合适的成教干部和教师负责教学点工作。特别是应调动当地政府的积极性,充分利用其他教育资源满足当地人民群众的教育需求。第二,充分调动村民学校的积极性,让村民学校成为成校伸向村民学习的触角。可以借鉴流动课堂的经验,以这种方式送教上门,将课堂送到村民家门口,甚至是田间地头。成校是教育培训项目研发和实施的基地,教学点和村民学校则是教育培训项目放大效应的舞台,只有通过这种方式才能够实现资源利用率的最大化。无论是农民随着特色农业不断成熟而产生的对新兴农业技术的学习需要,还是进城务工农民对职业技能学习的迫切需要,都对目前农村成校提出了更高的要求。提高农村成人教育质量,关键在于集中优势资源,摆脱资源贫乏的农村成人教育发展困局。通过建立五连环型成人教育共同体,学校间开展联合培训真正实现了成人教育的乘法效应,将有限的优质资源实现效益最大化。

第六章

异质共建型共同体的建设

异质共建型共同体是指成人教育机构与不同类型的机构（其他行政事业单位、企业、社会团体等），在一定的区域内围绕居民基本文化生活需要、职业技能培训需要、农业技能培训需要等多元学习需要，在契约的规范下，合建共享教育资源的成人教育联盟。

异质共建型共同体是指成人教育机构与不同类型的机构（其他行政事业单位、企业、各类机构），在一定的区域内围绕基本文化生活需要、职业技能培训的需要、农业技能培训的需要等多元学习的需要，在契约的规范下，合建共享教育资源的成人教育联盟。

　　异质共建型共同体可分为三种模式，分别为"1＋N"成人学习综合体、互融式职培基地、"一站式"农培基地。三种模式各有特色，也分别解决了成人教育发展中遇到的不同问题，适用性各不相同。

第一节　模式一："1＋N"成人学习综合体

　　"1＋N"成人学习综合体是异质共建型共同体的重要类型之一。"1＋N"中"1"是指成人教育机构（即乡镇成人文化技术学校、社区学院），"N"是指与成人教育机构合作的多家成员单位，如街道、社区、文化广播站、图书馆、纪念馆、电影院、老年大学等。"1＋N"成人学习综合体是指成人教育机构依托辖区内文体中心的场地设施，与多家单位建立合作关系，共同开展成人基本文化生活需要的各类教育培训服务和组织开展各类文化体育活动。"1＋N"成人学习综合体以萧山区新湾成校建立的成人学习综合体与淳安汾口镇成校建立的成人学习综合体为典型代表。

一、基本内容

"1＋N"成人学习共同体的基本内容是以成校为中心,依靠场地资源优势,吸引整合其他相关机构的人员、组织、经费、设备、技术等力量,共同建设能够满足当地居民多样化学习需求的学习服务综合机构。当然,这个机构并不是一般意义上的独立机构,而是依靠契约力量形成的学习服务综合联盟。

案例 6-1　萧山新湾成人学习综合体

萧山区新湾成人学习综合体是指由街道统筹,将辖区内图书支馆、文化广播站、围垦纪念馆、培训馆、千人影剧院、活动广场等场馆整合在一起,由成校负责日常运行与协调管理的实体。淳安汾口镇学健乐成人学习综合体是在汾口镇政府的领导下,以成校为主,由成校、社区、文化站三家协作,部门配合,群众参与共同开展社区教育服务。

"1＋N"成人学习共同体的共同点,即有固定的、硬件设施完善、地理位置优越的学习场所作为开展社区教育的主阵地。在共同体的协调安排下,成校利用这些场地开展各类活动。成人学习综合体将各类文化、教育、培训、健身、体育、娱乐活动都汇聚至综合体,使综合体扩大影响力,成为当地居民心中不可或缺的重要机构。

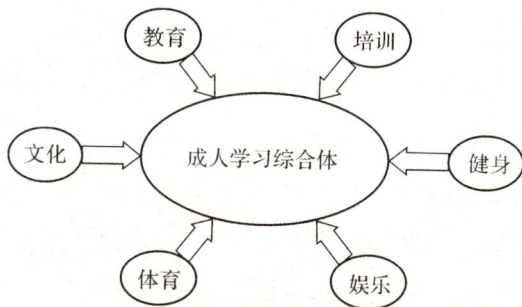

图 6-1　"1＋N"成人学习综合体的"聚集效应"

二、构建途径

"1＋N"成人学习综合体的构建同样需要组织、契约、资源三个方面的基础。缺少任何一方面的力量，"1＋N"成人学习综合体都无法建立和运行。

（一）组织基础

"工欲善其事，必先利其器"，建立、健全组织是开展工作的重要前提。"1＋N"成人学习综合体的组织包括领导小组与工作小组。领导小组一般由所在区或乡镇、街道的行政部门牵头，行政部门一把手或分管领导担任领导小组组长，领导小组的其他成员由各成员单位负责人担任。工作小组是领导小组下设的具体执行机构，一般由成人教育机构负责人担任工作小组组长，由各成员单位具体负责人担任组员。

案例6-2　淳安县汾口镇成人学习综合体组织结构

淳安县汾口镇成人学习综合体领导小组组长由淳安县汾口镇党委副书记、镇长担任；副组长由淳安县汾口镇党委委员担任；成校校长，文化站站长，杨旗社区书记、主任，农办主任，妇联主席，工业办副主任担任组员。工作小组组长由成校校长担任，组员由各成员单位具体项目负责人担任。详见图6-2。

该成人学习综合体建立起"政府领导、成校为主、三家协作（成校、文化站、社区）、部门配合、群众参与"的组织体系，形成"天天有锻炼、周周有培训、月月有电影、季季有活动、年年有大节（文化节）"社区教育文化氛围。

"1＋N"成人学习综合体在运行实践中不仅建立了领导小组与工作小组，有试点单位还根据需要聘请专职文教宣传员，以保障综合体更有效地运行。

案例6-3　萧山区新湾成校专职文化宣传员队伍

萧山区新湾成校，为进一步落实"综合体"功能，形成镇村文化教育网络，盘活村级文化资源，2011年10月，面向全街道公开招聘村级专职文化宣传员13名，具体负责村图书室、村市民学校、村文化宣传，现已到岗任职。

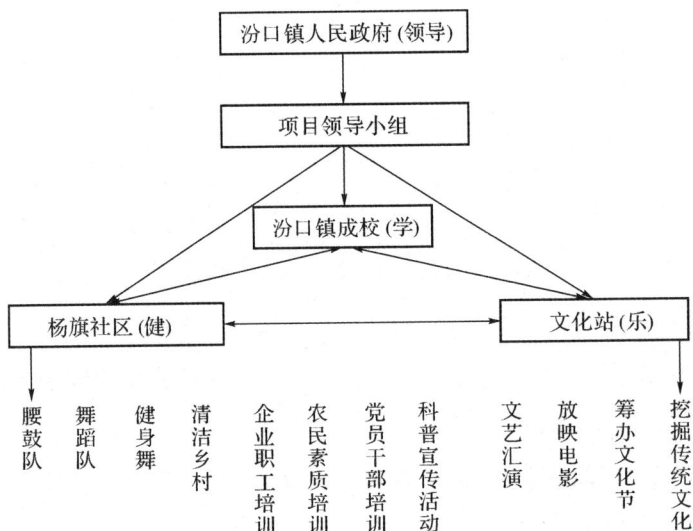

图 6-2　汾口镇成人学习综合体组织结构

（二）契约基础

"1＋N"成人学习综合体的合建与运行强调契约。在具体运行中，综合体领导小组通过下发通知、文件的形式，对成员单位的合建共享行为进行一定的约束。

案例 6-4　萧山区新湾成校成人学习综合体制度建设

萧山新湾成校自 2008 年开展成人学习综合体研究以来，为了保障实验项目的顺利开展，近一年来，以街道党工委的名义下发三个相关文件。2009 年 9 月 23 日，下发新办〔2009〕1 号《关于新湾街道社区教育"沙地大课堂 文化大超市"品牌建设实施办法的通知》，属新湾街道成立后的 1 号文件，将实施办法以文件的形式下发到各行政村（社区）和企事业单位。

2009 年 10 月 10 日，下发新办〔2009〕5 号《关于建立新湾社区教育"沙地大课堂 文化大超市"工作领导小组和实验项目领导小组的通知》，正式以文件的形式明确了工作领导小组的各位成员，凸显了新湾街道党政和各职能部门对社区教育工作的重视。

（三）资源基础

构建综合体型的教育共同体需要有一定的资源作基础。成人学习综合体的最突出资源，即场地资源。综合体依托区域内的文体中心开展成人教育服务。经费资源也是综合体的重要基础。

案例 6-5　萧山区新湾成校资源建设

新湾成人学习综合体，占地 10 亩，投资 2000 余万元兴建。2009 年下半年，街道又投入 150 余万元装修教育办公用房 2000 余平方米，业已竣工交付使用。新落成的文化综合体拥有一个可容纳 1000 多人的标准化大礼堂，拥有现代化标准计算机房 1 个、标准化多媒体大教室 2 个、会议室 1 个、多功能活动房 2 个、办公用房 4 个。2009 年 12 月，街道投入 30 余万元，对萧山图书馆新湾支馆进行内部装修与设备添置，一个崭新的现代化镇街图书馆已经建成。街道财政拨专用课题经费 10 万元作为启动资金，其余所有经费以街道财政拨款为主，以社会资助为辅。

综合体的建设与运行并不是经济较发达地区的专利。经济欠发达地区也可利用自身优势调动各方积极性。

案例 6-6　淳安县汾口镇成校资源建设

在经济较为落后的淳安县汾口镇，成人学习综合体建设也开展得红红火火。经过成校的不懈努力，学校的硬件设施能基本满足各类培训的需要，有办公室、会议室、普通教室、计算机教室、报告厅等教学办公设施。学校还有一个装修一新的千人大会堂（原电影院改建），可以放映电影、组织大型活动和演出。通过争取，镇政府预算投入资金 150 万元，主要用于文化节、农民运动会、文艺汇演等各项活动的开展及项目宣传、人员培训、考核评优等。

三、运行机制

"1＋N"成人学习综合体的运行机制的建立是围绕合建与共享而展开的。合建强调合作与共建，共享指的是共同分享。合作共建，合作就是个人与个人、群体与群体之间为达到共同目的，彼此相互配合的一种联动方式。

共建就是围绕共同目标,成员单位各司其职,共同促成目标达成。

(一)统一决策保证综合体的运行

决策的科学合理是保证"1＋N"成人学习综合体运行的前提,而公平参与、统一制定的决策机制则是保证成人学习综合体决策的基本条件。良好的决策机制不仅包括如何做出决策,而且还包括对决策执行过程的控制及执行结果的评估。在萧山区新湾成人学习综合体的运行中,采用了联席会议制度构建综合体决策机制。

案例6-7 联席会议制定共同体的决策

在综合体领导小组的统一领导下,在工作小组的具体负责下,通过"全员、全程、全方位"推进综合体建设。确立综合体联席会议制度,街道农业、工业、老龄、社会保障、宣传文化、科协、妇联、工会、团委等各线上的所有教育文化活动培训计划(含各级培训任务)统一上报综合体工作小组(成校)。同时,向各行政村(社区)下发农民学习需求调查表,由"综合体"根据行政计划和居民需求,结合成校自身特点,形成综合体年度教育文化活动计划。确定具体时间、地点、活动内容(培训班)、参与人员等事项,及时向社会公布。

成人学习综合体的评估既要有约束性又要有灵活性,最终要体现发展性。发展性评价是指通过评价为教育活动提供有效的诊断和反馈,强化或改进教育的实施,促进教育活动的顺利进行,进而促进教师、学生、学校更好地向前发展。在建立健全评估体系上,综合体工作小组提出季度通报制与年度考核制相结合。综合体所属各场馆均有专人负责日常记录场馆活动情况,主要指标包括活动内容、时间、参与人数、参与人来源、活动效果等,每季度进行综合体汇总,并通报详细情况,最后实行年度考核评估。综合体在运行过程中,将实践与研究高度整合,以实验项目方式与课题研究方式,促进综合体的合建。为确保综合体的积极推进,街道主任亲自担任组长,以实验项目引领工作推进。从起初的实验项目论证到中期汇报,再到行程成果报告,分工明确落实到人。

（二）资源的构建与共享机制

《东周列国志》第七十一回："（齐）景公曰：'相国政务烦劳，今寡人有酒醴之味，金石之声，不敢独乐，愿与相国共享。'"共享即共同分享，指的是与他人一起使用或分享。综合体型成人教育共同体要发挥其最大效益，必须通过构建有效的共享机制。

萧山区新湾成人学习综合体采用了"招商"引资的策略以实现资源的引进，而"三合一"模式则有效实现了资源的共享。

案例 6-8 新湾成校"招商"引资策略

综合体招商引人（这里的"商"指教育文化项目、活动等）效果显著。自实验项目开展以来，已吸引萧山图书馆、新湾老年电大、新湾科普学校、新湾红色讲坛、萧山沙地文化研究会、杭州用弘企业培训中心、萧山一洲外语培训中心、杭州华林舞蹈工作室、社区广场舞等教育文化项目进驻综合体，街道企业、中小学、行政村社区大型活动入驻综合体大礼堂，吸引了大批人群参与各类教育活动。

在成校原有基础上，利用"文化超市"综合体优势，新增了以下教育文化项目。利用培训馆里的多功能厅，与杭州华林舞蹈工作室合作开办少儿拉丁舞培训班，受到广大家长和孩子的欢迎。利用培训馆的计算机房，与萧山电大会计培训中心合作开设会计考证培训班，解决了许多企业会计人员缺乏的困境。为满足广大老年朋友老有所学、老有所乐的需求，积极主动新建萧山区镇街首个"街道老年学校"，受到老年朋友的热烈欢迎。新建沙地书画廊，为广大书画爱好者提供学习、创作、交流的平台。

成人学习综合体功能得到有效发挥，关键在于充分利用好这些场馆，实现资源的有效利用，实现内涵的可持续发展。新湾成人学习综合体，提出了整合、聚合、融合"三合一"模式（见图 6-3）。

案例 6-9 "三合一"模式

"整合"即从资源着眼，即上文提及的对街道范围内的各场馆实体进行统筹管理，形成组织、物质、人力资源统一的街道教育文化综合体。"聚合"

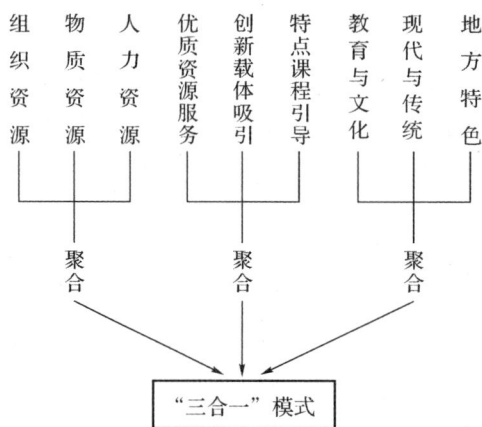

图 6-3　新湾街道成人学习综合体"三合一"模式

是从服务对象着眼,旨在通过载体设计、全民读书、优质服务,使街道教育文化综合体的运行能够吸引当地农民,积聚人气。"融合"是从内容着眼。新湾街道教育文化综合体不仅要实现场馆的整合,更要在教育、文化、健身、娱乐内容上实现整体优势,融入本土文化,凸显沙地特色。"融合"是"文化综合体"的灵魂,"聚合"是手段与策略,"整合"是根本。三者相互依存,缺一不可。

第二节　模式二:互融式职培基地

互融式职培基地是异质共建型共同体在职业培训领域的一种实践模式,其主要特征在于高度强调学校与企业之间的共赢互利及高密度、高渗透性合作。校企合作一直以来在高等教育、职业教育领域备受重视,但是,在成人教育领域中则实践模式多样、经验积累丰富、理论研究薄弱,所以长期以来人们一直以为在成人教育领域中,校企合作并不是重要的研究课题。其实就成人教育的发展需要来看,成人教育不仅需要校企合作,而且需要程度更深的校企合作。互融式职培基地就是这种成校与企业深度合作的产物。

一、基本内容

学校以社会效益为中心,而企业以经济效益为中心。两个不同的目标如何融合在一起是校企合作成败的关键所在。当前虽已有大量的研究和实践,但大部分校企合作模式主要是以学校为主的校企合作模式,是法人与法人间的合作,由于目标不一致,因此主要形式也是松散型的、浅层次的。要深层次地开展校企合作,整合化、集团化是融合校企的目标和内容的关键举措。

案例 6-10 杭州市桐江职业教育集团

杭州市桐江职业教育集团由不同办学主体组成,集学历教育、职业培训、成人教育为一体,产教结合、多元发展的综合类教育集团。

集团坚持教育与产业相联系,产教互补的发展模式。产业为教育注入强大的经济发展动力,教育为产业提供一流的教育服务,丰富产业发展内涵。这种产教结合的办学形式促进了桐江职业教育集团快速健康发展,走出了一条教育与产业和谐发展的新路子。

反映集团董事会领导下的校长负责制的管理模式是典型的整合不同实体管理构架方案。

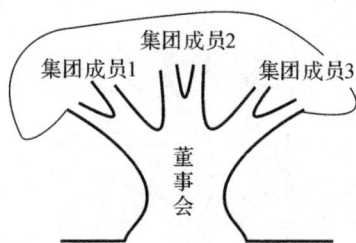

图 6-4 杨树管理模式

这种管理模式称为杨树管理模式(寓意杨树般快速生长)。杭州市桐江职业教育集团是一家集职业培训、成人教育和企业实体为一体的中职学校,过去采取的就是这样的管理模式。这种模式支撑了教育集团的快速发展。这种树状模式的优点是管理条块分明,职责明确,管理效率高;其缺点是各自为政,部门间是互不联系的独立体系,沟通缺乏效率。

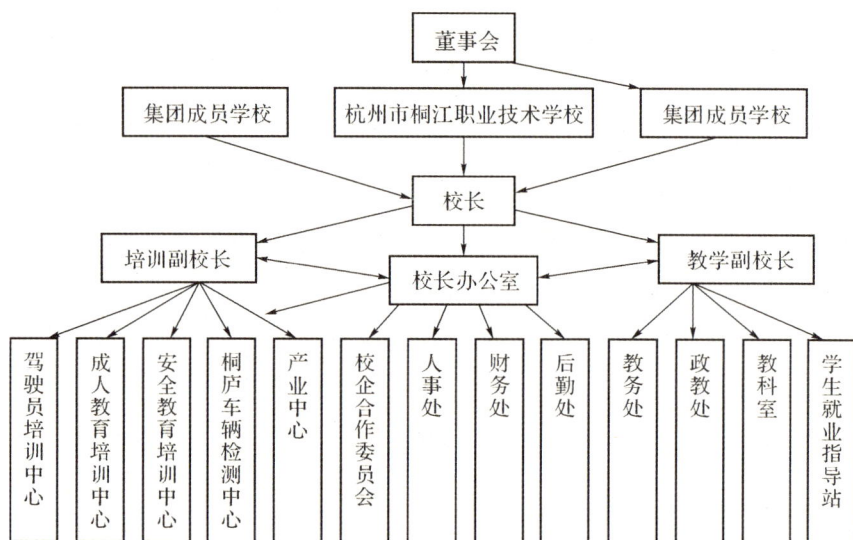

图 6-5　集团董事会领导下的校长负责制的管理模式案例图

桐江职业教育集团通过建立互融式成人教育共同体后,转变管理模式,实现了从杨树管理模式到榕树管理模式的跨越。榕树盘根错节,枝条相互缠绕,共同组成了枝繁叶茂的榕树。校企合作需要校企紧紧缠绕,共同发展。榕树模式就像榕树一样,实现校企(枝条)互融,真正为学员发展提供了平台。

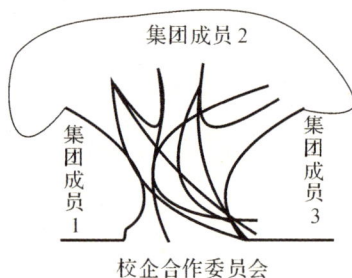

图 6-6　榕树管理模式

二、构建途径

(一)组织基础

互融式职培基地实现了从传统杨树形态向榕树形态的转变,实现了更好的互融效应。要达到深层次的校企合作，建立紧密型的校企互融模式，首先需要从组织上进行梳理。

案例6-11 杭州市桐江职业教育集团

校企互融式组织机构，从图中可以看到，新增设了校企合作委员会，它像榕树上的藤条，将榕树缠绕在一起，共同生长。校企合作委员会的主要工作路径是实施集团化管理、搭建一校多企合作平台、开展校企合作建设、实训基地管理和指导企业职工培训等。这样的运行模式，有效改善了部门之间的沟通，提高了校企沟通效率。

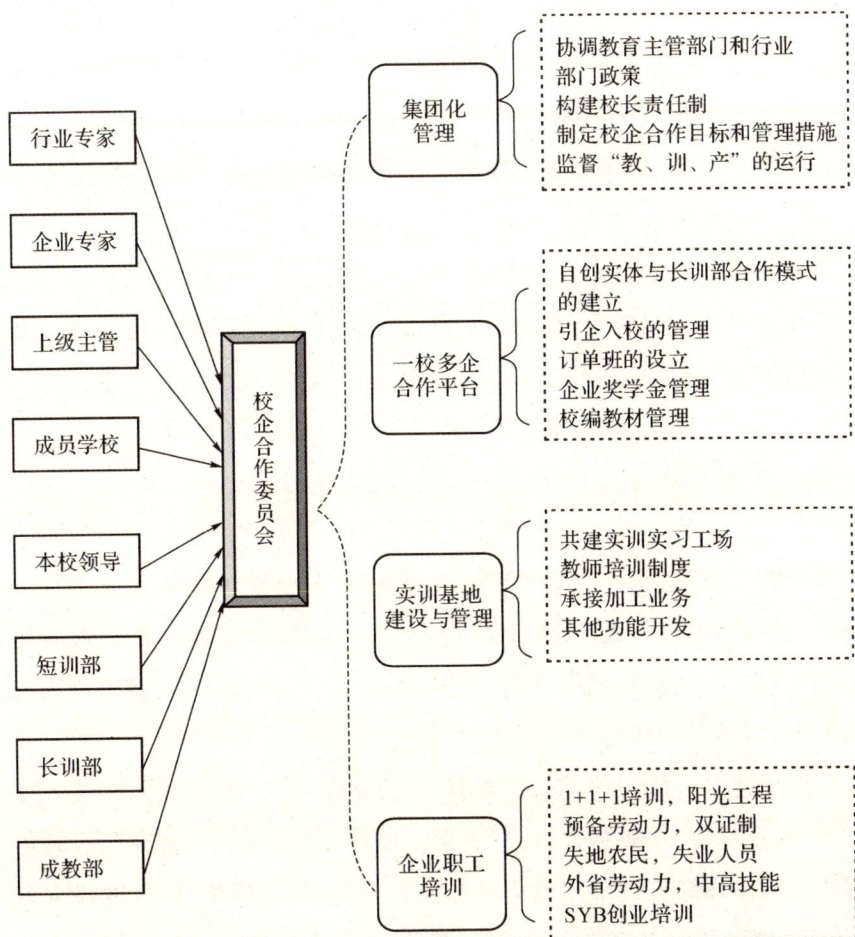

图 6-7 校企互融运行图

（二）契约基础

成立教育集团，将企业直接纳入学校教育集团中，是校企合作的高级形式，也是最有效的融合形式。

2002年10月9日，杭州市教育局〔2002〕46号文批准成立杭州市桐江职教集团。集团土地面积696亩，教职工633名，固定资产2.6亿元。通过集团化办学，推进成人教育制度化、规范化发展。

2002年初，根据职业教育改革和发展的需要，杭州市桐江职教集团决定走集团化办学模式，由杭州市桐江职业技术学校会同杭州市机动车驾驶员培训学校、杭州市机动车驾驶员培训中心，以股份制形式组建杭州市桐江职业职教集团，并对其进行了可行性研究，向上级主管部门杭州市教育局递交关于成立杭州市桐江职教集团的报告。集团是由多家具有独立法人资格的实体组成的联合体，属于组织结构较为紧密的职业教育集团模式，把杭州市驾培行业不同归属的教育资源进行重组是杭州市职教体制改革、行业办学及集团化管理的一大创举。

集团内部各个组成单位不是简单的"名校集团化"，也不是仅靠一点企业捐助的所谓"校企一体化"，而是真正意义上的"产教挂钩，强强结合"，集团把教育与实体有机密切地结合起来，"人、财、物"可以互用，"教、训、产"可以互通，是一种真正意义上的心贴心，唇齿相依的关系。

未具备成立教育集团条件的成人教育机构与企业往往通过另一种方式开展校企合作，即签订项目合作协议。签订校企合作协议并以此作为校企合作的总规则，是整个校企合作及培训的基本前提。该协议是在双方协商的基础上确定培训客体规模、课程设置、实训要求、考核标准、聘用原则等多方面内容，指导之后开展的培训活动。

一般项目合作协议的签署会经历一般流程，即达成意向、签订协议、共同投入、共建基地、产教结合、共享成果。以产业链为纽带，桐庐职成教中心与桐庐宏盛园林绿化有限公司达成合作意向，签订合作协议，共同投入资金200万元，建成了水产养殖区、果树栽培区、苗木繁殖区、大棚养护区、畜牧养殖区、蔬菜种植园区、产教结合区、园艺植物种植区、花卉盆景栽培区、园林

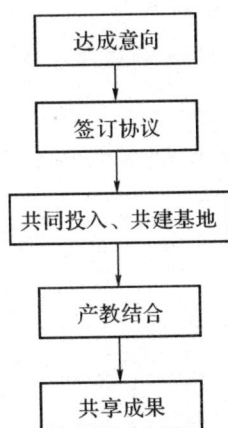

达成意向 → 签订协议 → 共同投入、共建基地 → 产教结合 → 共享成果

6-8　项目合作流程

规划与设计微缩景观作品制作与展示区等 10 个实训项目功能区的园林技术培训基地,建立产教一体的跨界共同体,提高培训实效和资源利用率。

(三)资源基础

互融式共同体的开展离不开资源的整合与利用,其显著特点就是在资源的整合中广泛吸纳企业单位,引进企业双师型人才,充实教师队伍。

案例 6-12　自创实体,产教结合

桐庐桐江职业教育集团充分利用民办学校灵活的机制,不断创设经济实体,与专业挂钩,产教结合。吸纳桐庐机动车综合性能检测中心,该中心原名为桐庐县车辆检测站,由桐庐县公路运输管理所筹建,占地面积 10000 平方米,建筑面积 1850 平方米。1993 年建成一条机动车安检线,承担安全性能检测和交通维修检测的业务。2004 年 1 月通过招标出让给我校。改制后检测中心进行了扩建,新增一条综合性能检测线,2005 年通过计量认证,计量认证号(04)量认(浙)字 P865 号,资质等级为 A 级,检测范围为车辆维修质量检测、车辆技术等级评定、车辆技术状况检测。2004 年 10 月杭州市公安局授权本中心承担杭州市公安局交通警察支队第十一车辆检测站的检测工作。

检测站一方面对外营业实现收益,另一方面,作为学校省级示范性专业的实训基地,为提升学生专业技能提供了实战环境,学校也从企业的一线评价中不断改进教学方法、培训双师型教师。检测站每年接受学生和教师实训情况见表6-1。

表6-1　检测站学生和教师实训情况一览表

年份	实习学生	等级签证	车辆维修质量检测	车辆技术评级	车辆故障检测	教师培训
2008 年	120	10	50	25	25	2
2009 年	110	10	50	20	300	1
2010 年	115	10	50	30	25	3

在学校内部创建企业实体是实现互融的有效方式。同时,通过校企合作委员会,以学生实训为主要考量,挖掘学校设施设备的优势,将具有特色的企业实体引入学校,在校内办车间。

案例6-13　引企入校,校企合作

杭州市康环电子设备有限公司是杭州市新能源研究中心下属的实体企业,专门从事节能灯和非标设备的制造。我校从2010年将该企业引入我校,学校提供场地和劳动力资源,企业提供产品和技术,利益共享,为学生提供了创新创业实训平台。杭州市富利登塑胶电子有限公司系香港威基工业有限公司创办的中外合资企业,专门从事塑胶硅胶成型制造,形成了模具设计制造、注塑、硫化、成型加工和喷油丝印灯工艺,公司制造技术先进,采用国际通用的软件,是国内一流的日用品制造商。该厂企业文化先进,推行ISO2000管理,提倡"诚实、守信、专心、专业"和"全心全意为客户创造价值"的经营服务理念。我校引入该厂到校开办分厂,为机械专业的学生在塑料工业用的模具制作方面,提供了真实环境下的实际操作平台,同时我校崇尚该厂企业文化,尝试企业文化和学校文化的对接。

在公办职校,从企业引进专业教师,往往会受到许多限制,比如解决不了编制问题。不能进编,也就意味着教师的工资福利将由学校自行解决。从企业引进的人才,都是一些技术能手、行业专家,但在学历、职称上和普通老师相比不仅没有优势,大多还处于劣势,即使解决了编制问题,在待遇上也是不可能高于普通老师的。与公办学校相比,民办学校在教师管理、人事变动上的自主权更大。我校充分利用民办学校机制灵活的特点,大胆从企业引进人才,改变教师队伍结构,提高教师动手能力。

案例6-14　招贤纳才,引企业能人

从企业引进教师,在我校多达12人,分布在各个专业教学岗位上,又如郦初良、皇甫国荣、方鑫权老师,都有一技之长,现在都成了我校的专业带头人。郦初良老师原来是桐庐县饮食服务公司总经理、高级技师,曾经出国到驻喀麦隆大使馆任主厨,回国后参加杭州市第三届西湖博览会烹饪大赛,获菜肴烹制金奖。他所创制的菜肴"满陇鳜鱼"、"冬瓜野素卷"被中国饭店协会称为中国名菜。这样的人才,学校花大血本,用年薪制聘任了他,带出了一支既懂理论,又有实际操作能力的专业师资队伍。烹饪专业建设蒸蒸日上,烹饪教学工厂有声有色有味,学生的动手操作能力日渐增强,实习生往往还没到分配实习时间,就已被宾馆、酒店预订一空。优胜劣汰,这是自然规律,也是社会规律,他和企业共同开发的具有桐庐地方特色的"十六回切"历史文化大餐,还受到了省市专家领导好评。

三、运行机制

互融式职培基地运行机制的关键是解决企业与教育脱节的问题,建立有效率同时有效益的有效运行机制。"三效"即效果、效率和效益,紧密型校企合作内部运行机制需要满足"三效"原则:首先必须满足教学的规律,能改善学员实训条件,提供真实的实习环境,实现教学研、工厂和实训基地一体化,共同完成专业教学目标,从而推动成人教育的教学质量迈上新台阶,即具有"教学效果"的合作机制;其次,建立符合市场规律和企业运行规律,具有竞争优势即具有"效率"的合作机制;最后,这种合作是讲究效益的,有可持续发展的运行机制。

(一)互通共赢的实训基地运行机制

实训基地是培养学员专业技能的重要场所,也是实现校企双方互通共赢的重要场所。根据实训基地建设导向性、共享性、效益性和持续性等基本原则,从校内、校外两个方面不断加强实训基地建设,充分发挥学员实训、教学改革、职工培训、加工服务、技能鉴定等功能。

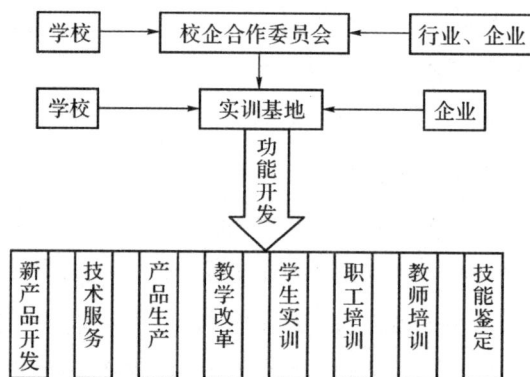

图 6-9 "双赢"实训基地管理运行……

校内实训基地建设具有一个明显的特点,就是资金投入多元化。实训基地建设开辟政府、学校、企业多元化的投资渠道,充分发挥三方优势,共同投资建设实训基地实现资源共享。

(二)互融共赢的校外实训基地运行机制

建立于校外实训基地的共赢机制是实现"互融"的难点所在,校外实训基地是企业建立用于职业学校实习教学的基地。在互融式职培基地中,校外实训基地的运行显然难度较大。要实现校外实训基地的良好运行,关键要做好"共建"的基础性工作。

案例 6-15 互融式职培基地校外实训基地建设

校外实训基地的建立和运行,关键在"共建",桐江教育集团先后与 50 多家企业建立校企合作关系。2008 年利用创建市级实训基地的机会,与瑶琳仙境景区、杭州泛亚卫浴股份有限公司建立全面互助关系。两家单位都被评为杭州市优秀校外实训基地,分别获得政府 10 万元的奖励。几年来,双方密切合作,互通有无,相互渗透,成为良好的合作伙伴。仅 2008 年至 2010 年 3 年间,这两家单位共接纳我校毕业生 531 人,教师下企业锻炼 5 人次,我校为他们开展农民素质培训、外省劳动力培训和职工技能培训等 300 余人次,实现了企业与学校的互利共赢,是成功的校企合作范例。

签订校企合作协议,这是校企合作企业职工培训的关键。签订校企合作协议并以此作为校企合作的总规则,是整个校企合作及培训的基本前提。该协议是在双方协商的基础上确定培训客体规模、课程设置、实训要求、考核标准、聘用原则等多方面内容之后开展培训活动。培训流程详见图6-10。

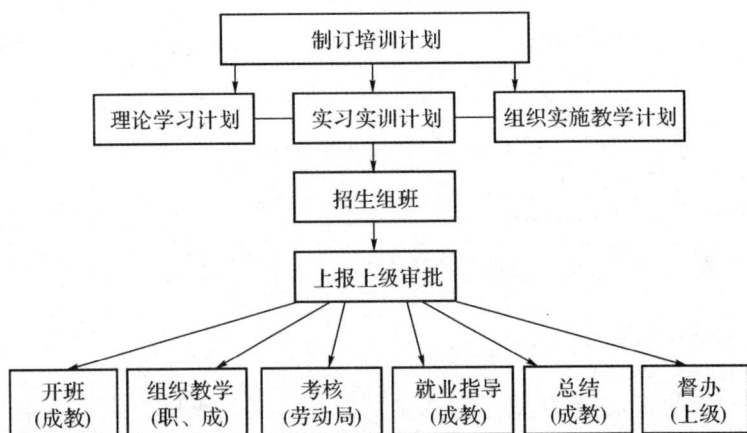

```
                    ┌──────────────────┐
                    │   制订培训计划      │
                    └──────────────────┘
          ┌───────────────┼───────────────┐
          ▼               ▼               ▼
   ┌───────────┐   ┌───────────┐   ┌────────────────┐
   │ 理论学习计划 │   │ 实习实训计划 │   │ 组织实施教学计划 │
   └───────────┘   └───────────┘   └────────────────┘
                          ▼
                    ┌──────────┐
                    │  招生组班  │
                    └──────────┘
                          ▼
                    ┌────────────┐
                    │ 上报上级审批 │
                    └────────────┘
```

开班 (成教)	组织教学 (职、成)	考核 (劳动局)	就业指导 (成教)	总结 (成教)	督办 (上级)

图 6-10　培训流程

培训客体的考核,则根据学校企业按所培训的内容对培训客体进行综合测试,以企业设置的专业技能指标为标准形成一套考核指标,学校主要做好配合企业考核的其他相关事宜,考核结果基本就是最终的评定结果。通过与相关行业协会、企业的紧密合作,本案例中的互融式职培基地还共建了杨梅产学研合作培训基地、中草药种植培训基地、立体生态农业培训基地。这些基地为开展园林技术培训、杨梅技术培训、中草药种植培训、果树栽培训、"双证制"培训等提供了理实一体的培训环境。

第三节　模式三："一站式"农培基地

所谓"一站式"基地包含三层含义：一是在教育培训过程中，"一站式"基地可以提供多种教育培训服务，从理论授课到实训操作，从技术咨询指导到技能鉴定考试等等，凡是农民学习技术过程中所需要的教育服务都会在"一站式"基地内力争得以满足。二是在教育培训目标和内容上，"一站式"基地是围绕一定区域内特色农业而形成的以某项技术为核心的培训基地，因此，"一站式"基地不是解决所有农民培训问题的良方，有着明确的适用范围。三是在教育培训之外，"一站式"基地力争能够做到继续为农民提供生产相关服务，让教育过程与生产过程相融合。

一、基本内容

"一个老师讲，一班学员听"，课堂讲授目前还是农民教育培训的主要方式，但在实践中我们发现，这种传统的培训方式日益受到冷落，农民参加培训的积极性没有以前高涨了，即便是来听课，也没有以前认真。通过调查我们了解到，农民并非不想学习新知识、新技能，而是不喜欢干巴巴的课堂讲授。自20世纪90年代以来，农村成校积极开展各项实用技能培训，其培训方式一直以课堂讲授式为主，最多加一些实训课时，我们可以称之为"一课式"的培训。对于当时现代农业生产技术一片空白的农民来说，"一课式"的培训虽然并不理想，但是也能够满足他们学习新技能的需求。经过20余年的发展，农民已经逐渐适应现代农业发展的要求，他们或多或少都掌握了一定的实用技能，不再需要那种普及性的技能培训，而是希望获得一种更加个性化、全面化的技能培训。在这种背景下，传统的"一课式"的办学模式必然会落伍，农村社区教育必须创新办学模式，实验新的培训方式。

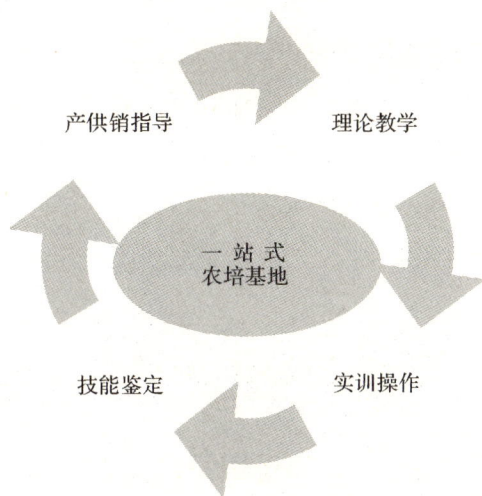

产供销指导　　　　理论教学

一站式
农培基地

技能鉴定　　　　实训操作

图 6-11　"一站式"农培基地模式图

二、构建途径

（一）组织基础

"一站式"农培基地的作为学校与企业合作建立的成人教育共同体,同样需要一定的组织基础作为保障。

案例 6-16　构建协同网络运作模式

"一站式"基地是社区学院与企业、政府、其他学校、社会组织的跨部门联盟的产物,没有跨部门联盟就没有"一站式"基地集多种功能于一身的理想状态。实现跨部门联盟的过程中,有两个关键词是最为重要的:一个是"协同",一个是"网络",而且这二者又是不可分割的,因此,我们就将"一站式"基地的运作模式称之为"协同网络"运作模式。

在本案例中,每一个"一站式"基地背后都牵扯着一张支撑网,根据"一站式"基地的特点不同,这张网的大小不同,牵涉的参与主体不同。不过任何一个"一站式"基地背后的网都需要具有"协同性"这一关键特征,没有协同性的网络是缺乏效率,甚至是不能起到支撑作用的。所谓协同,就是指协调两个或者两个以上的不同资源或者个体,协同一致地完成某一目标的过程或能力。在"一站式"基地的运作中,大部分资源并非属于该基地所有,而是由各参与主体提供的共享资源。这种共享资源必须经过充分的协调才能在完成培训的过程中,发挥应有的效果。

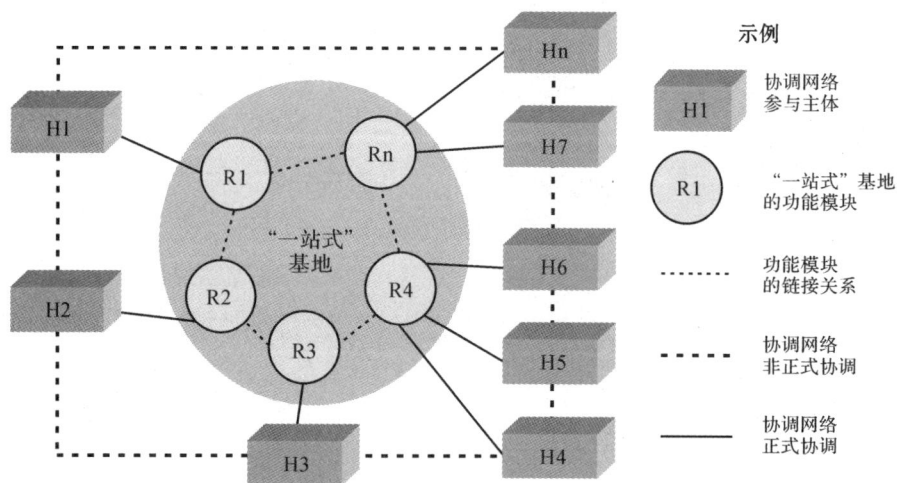

图 6-12　"一站式"基地协同网络运作模式示意图

　　图中 H1—Hn 为协调网络中的参与主体,包括社区学院、培训基地提供方、设备设施提供方、课程教材提供方、技能鉴定组织方、咨询服务指导方、学员组织管理方,等等,每个"一站式"基地具体的参与主体因功能所需而不同。R1—Rn 为"一站式"基地的功能模块,基本包括理论授课、实训操作、产供销指导、技能鉴定等,这些模块也在不断丰富和完善中。图中外围虚线部分标识了协调网络的非正式协调关系,这是由社区学院通过各类非正式方式不断联络各参与主体,使其能够为"一站式"基地提供更好的服务。图中实线为协调网络的正式协调关系,是通过成文的协议或管理规定而明确的各参与主体的分工与责任。图中内部虚线则是"一站式"基地的功能模块,说明这些功能模块并非是分开的,而是以链条的形式连接在一起。

(二)契约基础

　　"一站式"农培基地的建立同样需要契约的力量起到一定的约束和协调作

用。一般契约可以通过签订合作协议的形式,但在"一站式"农培基地中这显然是不够的,因为,要让百姓相信"一站式"农培基地能够提供足够丰富的教育服务,需要有足够的说服力。这就需要"挂牌"以及一系列相关制度的建设。

案例6-17 "一站式"农培基地"三步走"契约

"一站式"农培基地采用了三步走规约方式。首先,签订共同体协议,其次对六大实训基地进行了挂牌,再次制定了实训基地开放式的培训制度和管理制度,如《之江地区成人教育实训基地管理办法》,明确基地实训使用原则与要求、管理人员的职责等内容。并根据之江社区学院及分院、教学点上报的培训计划和培训方案,定期召开各实训基地负责人的讨论会,从培训场地安排、师资聘请、课程设置、课时安排、教学要求、课程实施方式等方面进行交流、沟通,会后则根据分院、教学点的需求,统一安排实训场地、聘请所需教师。这一制度的建立,及时、有效地帮助四大分院以及村教学点解决了场地不够、师资力量不足、技术缺乏等问题。

(三)资源基础

"一站式"农培基地为了给农民学习技能提供一站式的服务,需要各种资源,不仅需要一定的培训场地,而且需要专业教师、实训操作设备、技能鉴定资质、营销渠道,等等,这些资源是一般成人教育机构无法提供的。在"一站式"农培基地中,这些资源通过整合社会资源来实现。

案例6-18 "一站式"农培基地主要场地资源

成校原有的教育培训场地,与福海堂公司的实训场地,是"一站式"农培基地主要场地资源。九曲红梅"一站式"基地取得成功之后,我们及时总结经验,并决定将这一崭新的培训模式向本地的四大龙头产业推广。先后对转塘大清绿茶技能培训基地、转塘回龙大棚蔬菜技能培训基地、双浦兰溪口沼虾养殖培训基地、双浦杭富村甲鱼养殖培训基地进行了"一站式"培训模式的升级和改造,不断丰富这些培训基地的功能,使其成为农民实用技能培训实验的领头雁和示范点。

表 6-2 "一站式"基地建设分布

地点	基地名称
双浦"福海堂"	"一站式"红茶技能实训基地
转塘大清	"一站式"绿茶技能实训基地
转塘南村	"一站式"大棚蔬菜栽培技能实训基地
双浦兰溪口	"一站式"沼虾养殖技能实训基地
双浦杭富村	"一站式"甲鱼养殖技能实训基地

扩展场地资源的另一条途径,就是"点面结合",如果将社区学院作为一个"面",那么各行政村的教学点就是"点"。之江地区建立了 70 余个村一级的教学点,这些教学点的功能涵盖了多个方面。但是因为术业没有专攻,培训质量一直存在一定的欠缺,因此,将"一站式"培训模式向村一级的教学点推广具有重要的实践意义。虽然在村一级特色农业差别并不显著,不过,将"一站式"基地建设到村,就会方便农民就近学习掌握技术,真正实现了农民学习实用技能的零障碍。目前,我们正在努力将"一站式"培训模式有计划有步骤地向村一级教学点推进,预计在不远的将来,每一个村一级教学点的功能都将会得到完善。

师资数量不足,质量不高一直是制约成人教育发展的重要因素。如何实现师资资源的突破?可以借助辖区内的职业教育师资资源。"一站式"基地建设虽然从培训质量上得到了大幅度的提升,满足了农民掌握某一项实用技能的需求,但是,对于那些具有一定普遍性的知识、技能型培训却不适用。因此,社区学院与西湖区职业高级中学开始洽谈联合建立综合型"一站式"农民培训基地的事项。借助职业高级中学强大的师资力量和实训场地资源,在计算机培训和各类通用技能培训项目上展开合作,既提高了这些培训项目的质量,也解决了以某项实用技能为主的"一站式"实用技能培训基地的功能性不足。

企业对员工进行培训,需要独立编写成人教育读本,这对企业来说难度很大,成校在这方面具有丰富的经验,"一站式"农培基地中,成校编写的成人教育读本,就成为"一站式"农培基地的一项重要资源。

案例6-19 "一站式"农培基地读本编制

农业技能培训差异显著,个性明显,因此开发适宜的教材与课程是实现培训有效性的重要途径。2008年,之江社区学院编制了四大特色农民素质培训系列读本——《大棚蔬菜栽培技术》、《西湖龙井茶栽培与制作》、《罗氏沼虾养殖技术》、《甲鱼养殖技术》,四本读本在杭州市第一届成人教育优秀教材评选中获得了专家们的认可,并取得较好成绩。2011年,之江社区学院将在已有的读本基础上进行改进与完善,并在形式上予以创新。目前已计划将原有读本精简,根据农民需求做成挂历形式的教材,精选出读本中最重要、最关键的技能知识,配以生动的图片和实用的万年历,编制完成后免费发放给社区村民。这种创新的教材不仅形式活泼,美观大方,而且方便村民重复使用,实用性强,更容易被村民接受,也更有利于农技知识的传播。

三、运行机制

"一站式"农培基地的运行机制包括方方面面,这里简要介绍四种机制:一是关于"一站式"农培基地成员单位如何开展合作的机制,二是成员单位实现共建共享的机制,三是"一站式"农培基地面向学习者的会员制,四是开放课程的运行机制。

(一)基地运行的共派合组制

在本案例中,之江社区学院采用了"共派合组"的方式,成立了合作开发小组。这种方式能够妥善处理"一站式"农培基地运行中遇到的问题。

案例6-20 "共派合组"成立合作开发小组

之江社区学院与福海堂合作开展农民实用技能培训,虽然在场地上、师资上能够得到一定的保障,但是由于福海堂缺乏相关的培训经验,在组织培训的过程中还存在很多问题。于是,社区学院组织人员就福海堂农民培训基地建设展开研究,认为必须建立相应的制度和规范,开发系列课程,并形成一定的利益分配机制才能够真正提高培训基地的建设水平。社区学院开始组织力量深入到培训基地的软硬件建设过程中,先后与福海堂就培训基地建设达成了若干共识,并签订培训基地共建协议。在协议框架下,社区学院与福海堂共同开发了九曲红梅制茶的理论课程,并对基地实训的硬件和培训师做出了明确的规定,福海堂承担了平时茶农的指导和咨询工作。为了评估茶农在培训基地的培训成果,在社区学院联合福海堂公司积极争取下,经劳动保障局批准,现在福海堂九曲红梅培训基地已经具备茶艺师技能鉴定资质。至此,福海堂九曲红梅培训基地形成"一站式"的培训模式。

(二)成员单位的挂牌制

利益共享是"一站式"基地建设的重要原则。凡是参与"一站式"基地建设的主体,都应当能够在基地的运行过程中获得自己的收益,这种收益既可以是经济利益的,也可是社会效益的。没有共享就没有共建,在组建协同网络的过程中,也要以利益共享为出发点,找到那些可以通过建设"一站式"基地而获益的单位、组织、部门以及个人,吸纳区域内外一切可以利用的力量和资源,才能不断提高基地建设水平。

案例6-21 "一站式"农培基地挂牌制

面向成员单位实现"一站式"共享主要通过协议、挂牌、制度管理。成员单位签署合建共享协议之后,统一挂牌,并需要遵守成员单位的管理规定。成校通过与产业龙头福海堂等企业及辖区内职业学校和成校下位的教学点进行挂牌实现资源的共享。

同时,基地建成后,不仅供该村镇居民学习,而且要服务周边农民的学习,增大"一站式"基地的辐射广度。"一站式"基地中可以实现共享的课程、教师等资源则要实现在区域内的共享,最终的目标则是在一定区域内,"一站式"基地成为所有村民的学习基地。

(三)面向学习者采用会员制

成人学习具有偶发性和随意性的特征,阻碍了培训质量的提高,因此,构建良好的农民实用技能培训模式,必须解决农民学习的系统性问题。为了让"一站式"基地成为农民系统学习和掌握某一项实用技能的中心,在管理上采用会员制管理是行之有效的办法。面向学习者个体,主要通过设立会员制来保障学习者享有自由选择教育培训的权利。

案例 6-22　"一站式"农培基地采用会员制

　　"一站式"基地采用会员制,制定会员管理办法,农民仍然具有自愿加入的权利,参加"一站式"基地的培训,还可凭借会员资格享受"一站式"基地配套的多种服务。当"一站式"基地在当地取得了良好的反响后,能够成为"一站式"基地的会员就会成为当地农民值得自豪的事情。对"一站式"基地来说,会员制提高了农民参加培训的积极性,稳定了培训对象学习的参与率,扩大了培训资源的整合范围,从而真正实现一个制度多个赢家的效果。

表 6-3　"一站式"农基地会员数量统计表

基地名称	会员人数	
	2009 年	2010 年
"一站式"红茶技能实训基地	78	155
"一站式"绿茶技能实训基地	125	243
"一站式"大棚蔬菜栽培技能实训基地	302	372
"一站式"沼虾养殖技能实训基地	211	250
"一站式"甲鱼养殖技能实训基地	378	566
合　计	1084	1586

(四)开放课程实现资源共享机制

　　开放课程其实是"一站式"农培基地实现共享的关键机制。这种共享是对社会上所有学习者的共享。开放课程的特点体现在三个方面:课程全部免费,教育对象"零"限制;基地即课堂,课堂即基地,师资流动无障碍;实施方式灵活、多元化。

案例 6-23　"一站式"农培基地开放课程机制

　　为了探索"一站式"开放课程的运作模式,更好地把经验向其他地区推广、应用,之江地区把双浦福海堂茶园科技园区作为"一站式"开放课程的试点实训基地,予以最先启动。前来培训的村民先在成教学院接受统一的红茶栽种、生产和销售等方面的知识学习,学习任务结束后,再由成教学院组织安排到福海堂茶园科技园区实地观摩或动手操作,主要包括红茶的种植、栽种中出现的问题、如何采摘、炒制技艺、生产、销售流程等。经过一系列的理论与实践的学习,村民再由之江社区学院组织辅导,并统一参加与茶叶相关的技能考证。通过"一站式"开放课程的系列学习,村民们将所学知识应用于实践,应对茶叶栽培中的各种问题的能力增强,茶叶生产、销售技能有极大提高,不少村民将获得的证书挂在自己开设的茶叶店中,不仅增强了店面的信誉度,更大大提高了茶叶的销售量,也真正在培训中获得了实效,实现了增产、增收。

农村成人教育不是教育部门的事情。与中小学教育相比,成人教育最突出的特征是以全社会的成人为对象,成校的范围也应当是没有边界和围墙的。打破封闭办学的思路,把教育还给社会,是农村成人教育发展的重要原则。农业基地有选择、有针对地开放,把课堂搬到基地,使这些农业基地成为课程培训的实施场所,变基地为课堂,充分有效地激发村民们的学习热情,提高课程实施成效。把中小学教育系统的教师、相关政府职能部门的技术人员、社会办学机构的师资"为我所用",不同教学点之间教师可以根据课程需要自由流动,从而保证师资队伍的稳定、高效,也因此解决地区间师资力量不平衡、技术人员缺乏的困难。

第七章

城乡互助型共同体的建设

城乡互助型共同体,是城区成校(或社区学院)与农村成校(社区学校)通过结对互助而建立的一种成人教育共同体形式,旨在促进城乡成人教育的均衡发展,对加快城乡成人教育资源整合,实现城乡成人教育优势互补,推动城乡共同发展,促进社会和谐等具有积极意义。

城乡互助型共同体是城区成校与农村成校通过结对互助而建立的一种成人教育共同体形式,旨在促进城乡成人教育的均衡发展。

开展城乡成校结对互助工作,是建设学习型城市的新举措,是统筹城乡区域发展的新载体,是实施名校集团化战略的新模式,对发挥城乡成校各自优势,加快城乡成校教育资源整合,实现城乡成校优势互补、资源共享,推动城乡共同发展,促进社会幸福和谐等具有积极的意义。

城区成校与农村成校的结对,标志着成人教育城乡结对互助共同体的建立。在此之后,结对学校要根据现有条件以及发展定位,制定互助方案并明确学校在哪些领域开展互助。结对学校开展互助,并不应当盲目地扩大互助范围,而应当先选择一个合适的互助重点,开展深度的合作,这样才能真正突破传统意义上的城乡学校间的一般合作。在城乡互助型共同体中,四种互助方式将显得非常重要。它们分别是:(1)教师互派式;(2)科研互助式;(3)教育互联式;(4)资源互通式。这四种结对互助方式,并不是非此即彼的关系,很多时候同一个城乡结对互助共同体可以采用一到两种方式进行互助,但是,建议结对学校在互助起步阶段以某一种方式为主,当互助工作已经积累了一定的经验,结对学校又产生新的互助需求之后,再采用新的互助方式。当然,理想状态下,城乡结对互助共同体应该可以同时采用这些互助方式,甚至在此之外还要创新互助方式,丰富城乡结对互助共同体的活动内容。

第一节 类型一：教师互派式

构建教师互派式城乡结对互助共同体，是实现成人教育城乡均衡发展的重要举措，教师互派式城乡结对互助共同体，又是城乡结对互助的主要途径。教师是教育的核心资源，关系教育发展的重要力量。实现城乡成校之间的教师互派，能够促进城乡教师间的合作和交流，提升教师队伍专业素质，促进城乡成校同步发展。

所谓教师互派，是指不同学校之间建立结对互助共同体，在共同体内，将本校教师派遣到对方学校从事学校管理、培训组织、上课任教等工作。

教师互派具有以下几个特点：

第一，同一地区学校的合作，成人教育学校教师互派只涉及同一地区，即同一城市或同一地区的学校之间相互合作。

第二，城区市直学校和农村薄弱学校的教师互派，也就是城区学校之间、农村学校之间不涉及教师互派。

第三，结对交流，即一所学校不能派遣同一教师到不同的学校，只能和另一所学校结对，构成点与点的直线关系。这有别于在一定区域内，一个教师在一所学校任教一段时间后，按规定到其他学校任教的"轮校执教"活动。

第四，互派教师，这是本活动的重点。以往的支教活动只是城区市直学校对农村薄弱学校的单向帮扶，而教师互派是两个学校之间的对口交流，变"单向活动"为"双向互动"，不仅城区学校的教师要下派到农村学校任教，农村学校的教师同样要上挂到城区学校任教。

第五，教师互派到结对学校以后，人事关系不变，待遇不变，由派出学校负责派出教师的岗位聘任、工资发放、福利待遇、奖惩实施等，派出教师还享受一定的补贴。

一、教师互派式的基本内容

（一）教师跨校结成"师徒"

建立校际间师徒结对制度，将在成人教育领域中工作多年的老教师、成人教育领域优秀教师与青年教师跨校结对子，通过头脑风暴、专题讲座、学术沙龙、听课评课等手段，在教育管理、教学理念、教学方法、教学评价等多方面互相切磋，共同提高。

（二）骨干教师交流任职

骨干交流任职，是城乡成校师资互派的另一模式。派骨干教师到结对互助的薄弱学校交流任教，不仅能够带去先进的教学理念，还能够帮助薄弱学校解决很多实际的问题。这里的薄弱学校并不一定是学校整体的薄弱，而是在满足成人某一方面学习需求上存在不足。无论是城区还是农村，成人的学习需求都是多种多样的，骨干教师交流任职能够带动一大批优秀成人教育项目的产生，为成校发展提供新的动力。

案例 7-1　桐庐与拱墅、滨江教师互派

2012 年至 2016 年，桐庐县计划用 5 年时间与拱墅区、滨江区开展城乡成校结对互助工作。拱墅区、滨江区 7 所成校，分别与桐庐县 7 所成校结对。结对期间，拱墅、滨江区将每年安排学校名师或骨干教师到桐庐成校进行支教，以开设讲座或进行课堂教学专题研讨等方式，对桐庐县教师进行专业化培训；安排学校领导定期到桐庐帮助完善桐庐成校管理制度、传授管理经验，进一步规范成校各项管理工作，提高管理水平。

（三）兼职师资库共享

兼职教师是成校开展教育培训依靠的重要力量，也是成人教育的宝贵资源。每一所成校所掌握的兼职教师信息都是有限的，当学校要开展新的培训、开设新的课程的时候，聘请合适的教师往往成为成校校长第一头疼的问题。通过建立兼职师资库，成校将各自掌握的兼职教师资源共享，不仅方便了成校聘请教师，而且还能够有效提高成人教育质量，满足广大居民的学习需求。

（四）结对学校教师专业共同体

"教师专业共同体是教师基于共同的目标和兴趣而自行组织的、旨在通过合作、对话和分享性活动来促进教师专业成长的教师团体。"[①]教师专业学习共同体可以分为多种形式：以专家指导为主的教师学习共同体；以项目合作为主的教师学习共同体（不同学校的合作研究）；以校本研修为主的教师学习共同体；以教师专业发展学校为载体的教师学习共同体；以网络为平台的教师学习共同体。

二、师资互派型的构建基础

（一）组织基础

建立成人教育共同体是实现师资互派的组织基础，是要成立由合作方主要负责人及合作学校人事管理人员、总务后勤管理人员共同构成的领导组织。教师的互派是一个需要系统计划和组织安排的工作，整个教师互派的过程中，需要合作方学校能够为互派教师提供充分的生活及办公条件，解决教师的后顾之忧。只有解决好互派教师的吃、住、行、用，才能让互派教师安心工作，并激发他们的工作积极性。

（二）契约基础

签署教师互派协议，明确学校之间的责任与权利，确定教师互派期间的工作职责。教师互派协议不仅要学校之间签署，而且学校还要与互派教师签署互派协议，对互派教师在互派期间的工作责任及享受的福利待遇给予明确的说明。

互派教师需要融入到对方学校，这是一种心灵契约建立的过程。新教师融入过程的快慢、融入程度的高低，直接影响教师互派工作取得的成效。因此，接受互派教师的学校要充分重视互派教师的融入工作，加强对互派教

---

① 周成海，衣庆泳.专业共同体：教师发展的组织基础[J].教育科学，2007,(1):76—80.

师的关心,并让其参与到学校的主要活动中来,并由其承担重要的角色,这不仅是工作上的安排,更能够促进学校与教师之间心灵契约的建立。

(三)资源基础

并不是所有城乡学校都适合建立师资互派型成人教育共同体,这不取决于愿望而取决于学校拥有资源的实际情况。

案例 7-2　西湖区、淳安县教育对口支援

5 月 18 日上午,根据《西湖区教育局、淳安县教育局关于开展教育对口支援工作协议书》相关内容,西湖区教育局再次来到千岛湖,和淳安县教育局及相关结对学校开展了丰富的结对活动,西湖社区学院、之江社区学院、西溪社区学院和西湖风景名胜区西湖街道社区学院与淳安千岛湖镇成人文化技术学校等 8 所成校结成了共建交流校,并签订了共建交流工作协议书。开展"成校结对仪式"是两地在保持前期良好合作关系基础上的又一次深度交流,对两地打造成人教育品牌,推进成校资源共享都具有积极作用。扎实推进下一阶段的两地教育协作工作:一是要加强组织领导,确保工作稳步推进;二是要畅通项目对接,促进两地发展共赢;三是要进一步完善机制,推动协作有效开展。

目前,成校师资数量严重不足是不争的事实,在师资短缺的情况下,互派师资显然难度更大,毕竟互派教师需要经过一段适应期,要单独承担一定的岗位工作难度较大。此外,互派教师还需要能够妥善解决教师办公、住房、用餐、交通等生活问题,这也需要一定的资源基础。

三、教师互派式的运行机制

(一)制定并签署互派教师协议

结对学校在开展教师互派之前需要签订一份协议,以文本形式明确教师互派相关事宜。通过制定并签署协议,能够让学校之间对教师互派工作的各个环节做充分的准备和周密的考虑,从而保证教师互派能够对学校发展起到实质性帮助作用,促进城乡成校之间的共同体发展。

（二）确定互派教师人选

并非所有教师都适合作为互派教师的人选，在学校选择互派教师的时候，不仅要充分考虑教师的专业素质，还要考虑对方学校的需求以及派出方学校工作的整体安排。在不影响本校正常教学工作的前提下，选择对方学校最为需要的教师，并充分尊重教师个人意愿，考虑教师家庭生活实际，是选择互派教师的基本要求。

（三）落实教师互派之间的工作

互派教师启动之后，如果发挥互派教师的作用，不仅是教师需要考虑的问题，而且作为接受互派教师的学校，也要充分考虑如何才能发挥互派教师的优势，弥补学校原本的不足。如果仅仅是让互派教师担任某一门课程或某项培训的专业教师，这对于学校发展来说，并没有持续的效应，当互派教师离开后，这些课程与培训项目并不能持续坚持。

因此，要让互派教师在本校带徒弟，将其专业知识留下，做项目将其教育教学资源留下，搞科研将其先进教育理念留下，只有通过互派教师实现学校快步发展，才是教师互派成人教育共同体最终的目的。

案例7-3 富阳市在成人教育互助共同体获益

上城区、萧山区都是全国社区教育示范区、实验区，在社区教育实践运作、特色打造、品牌创建等方面积累了丰富经验，本次成人教育互助共同体签约，将给富阳社区教育和成人教育发展提供崭新的学习交流、借力发展平台。

三地教育协作开展一年多来，我市35所中小学、幼儿园与上城、萧山的名校、强校、特色学校结成了互助帮扶对子；上城区向我市赠送了30万元终身教育券，用于支持教师培训；上城区41名特级教师与我市41名中小学、幼儿园优秀骨干教师结成师徒对子；今年开始，市区的8位优秀骨干教师到我市农村的8所中小学任一年副校长，同时，我市的三位青年教师被派往上城区学校挂职学习一学期，对我市农村教育提供了最大的人才支持。至此，三地之间的校际合作覆盖面更大、受益面更广。

（四）对互派教师工作进行评估

评估工作是教师互派的一个重要环节。评估不仅是教育行政管理的需要，也是对教师发展的一种形成性评价。互派教师不仅承担一般的教师岗位的本职工作，而且要承担传递教育理念，促进学校发展，以各人专长带动学校特色发展的责任。因此，对互派教师的评价不能等同于对普通教师的评价。建议对互派教师的评价采用质性评价的方法，而不是采用定量的评价方法。通过以教师互派期间的实际工作作为评价的主要依据，学校其他教师及管理人员共同参与对互派教师的评价，评价结果应该以书面形式反馈给互派教师及教师派出学校。

第二节　类型二：教育互联式

教育互联是城乡成校结对互助的主要形式，主要是指成校在开展教育培训项目过程中，开展校际合作，实现招生及教学过程的合建共享。

在教育与培训过程中开展合作是一种动态合作的方式，与师资互派具有很大的不同，需要双方在合作中具有高度的协同性，或者说教育互联比教师互派的难度更大，合作程度更深，产生的实际效益也更高。

一、教育互联式的基本内容

（一）联合招生

当一个教育或培训项目所面对的受众较少的时候，一所学校通常无法完成招生组班的任务。这个时候就需要几所学校分头招生，然后将招收来的学员集中到一所学校授课。这种教育互联方式较为普遍，一般都适用于比较冷门的教育培训项目。联合招生在成人高等教育领域应用较为广泛，在城乡结合部的成校通常能够独立承担成人高等教育项目，开设较多专业，而农村成校无法独立承担成人高等教育项目，开设专业较少，不能满足当地居民的学习需求。另一方面,一些专业报名人数不足,难以开设。联合招生就妥善解决了这个问题,几所学校所招学生汇总后就能够达到开设相关专业的最低要求。然后各学校根据招生人数选择开办的专业,从而降低了教育成本。

(二)联合教学

联合教学是为了解决优质教育资源不足的问题。成人学习的发展趋势是对教育质量的要求越来越高,这就需要学校聘请各行各业的名师专家学者来给成人教育学员授课。由于受到教育经费的限制,每一所成校一年内能够承担的教师聘请费用有限,这就亟须将有限的资源进行共享和分享,联合教学就是在这种背景下产生的。当一所学校聘请了某一行业的名人来学校授课的时候,学校将提前将信息传递给结对互助学校,如果对方有意愿组织学员来一同听课,那么一次联合教学就启动了。

(三)学员互认

学员互认是在特定教育项目下产生的一种特殊的城乡成校结对互助的教育互联内容。这种特定教育项目一般是由政府划拨项目经费,但是对经费使用有明确的规定,比如说只针对户籍人口。这样就会给那些外地务工人员接受政府支持的教育培训项目带来困难。学员互认则解决了这一问题。比如淳安县与西湖区建立了学员互认的机制,那么在西湖区务工的淳安县户籍人口就可以在西湖区接受相关的教育培训。

(四)学分互认

学分互认则是解决了在接受教育或培训过程中,学员需要从一个地区到另外一个地区务工或生活后,学习成果在成校之间互相承认的问题。一些教育培训项目周期可能比较长,比如学员在某所成校已经完成一年的学历大专班学习,还需要继续学习三年才能完成学业,现在他需要到外地工作,如果没有学分互认,他以前的学习成果就付之东流了。在建立了学分互认机制之后,成人的学习就不会受到人口流动的限制。很有可能出现的情况是,一个学员学历大专班第一年是在临安学习,第二年会在余杭学习,第三年又回到临安学习,并顺利获得学历证书。

二、教育互联式的构建基础

(一)组织基础

教育互联需要强大的组织协调能力才能妥善解决在教育互联中的一系列问题。教育互联是以教育项目的联合运作为基础的,因此,组织基础也是以教育项目实施人员为主体。同时,联合开展教育项目过程中,各学校的角色及职责应该明确,否则极易造成同一工作没人负责、互相推诿,最终影响教育项目目标的实现。由于联合开展教育项目,相对于独立开展的教育项目而言,临时性协调难度更大,所以项目的工作应当事先详细安排,做到每一项工作分配到具体的个人,明确职责,并为各种突发事件做好预案。

(二)契约基础

在联合招生、联合教学的过程中,城乡学校之间可以通过建立合作契约从而约定联合招生及联合办学的相关事宜。相对来说,联合招生与联合教学是较易操作的实践环节。因此,共同体成员在联合开展教育项目之前,就应该就项目的出资比例、牵头方、共同体成员各方所需承担的责任和义务、共同体各方派驻项目代表等签署协议。

在互认学员和互认学分的过程中,契约基础就显得尤为重要,而且这种契约可能涉及多个部门,需要跨地区跨部门协调。

(三)资源基础

教育互联对资源基础的需要相对不是很强,因为每一所学校都会掌握一定的教育培训资源,这些资源本身就是教育互联的基础。实现教育互联后,每所学校应当侧重发展本校特色,形成一定的特殊教育资源,这样可以在教育互联中占据较为有利的位置。

三、教育互联式的运行机制

（一）联合确定教育项目

就成人教育来说，并非所有教育项目都适合城乡成校联合开展。因此，确定联合开展教育项目就成为首先需要妥善解决的问题。一般而言，这个过程是需要两家结对单位共同协商确定的。

确定教育项目的依据：首先，双方都能够组织足够数量的学生，或者双方通过共同的招生能够满足开班要求。其次，一方具有独立开展此类教育项目的经验。第三，学分互认及学员互认式合作则需要双方能够就教育项目的开展过程达成一致，所选用教材及教学计划尽可能一致。

（二）共同制订教育计划

实现教育项目的互联具有操作复杂性程度更高的特点，教育互联不等同于资源的共享，也不等同于共同开展教育科研。教育互联是一种工作过程的无缝对接，因此，在制订计划的时候，需要仔细考虑各方面的问题，并充分征求结对双方学校具体办事人员的意见和建议。特别是关于教育互联的细节问题，应该尽可能地在制订计划的时候有所考量，并充分解决。

案例 7-4　上城区社区学院湖滨分院与富阳市春江成人文化技术学校

9 月 26 日，上城区社区学院湖滨分院与富阳市春江成人文化技术学校双方的院（校）长在富阳宾馆签订了《杭州市城乡成人（社区）教育学校互助共同体协议书》。根据协议，双方将在教育管理、科研、教学示范、资源共享等方面进行交流研讨，定时向对方提供本校的教育教学、教育科研、教师专业发展，以及其他成人（社区）教育发展的信息，通过举办各类教育教学研究、课程教材编写、市民素质教育等活动，达到相互学习、相互促进、共同发展，不断提高学校管理水平及教育质量，加快成人（社区）教育学校标准化、规范化建设。

（三）共同实施教育方案

城乡互助型共同体共同实施教育方案，很多时候需要进行教育资源的整合,比如一方学校提供场地组织学员,这一方通常是农村成校;另一方负责组织教师力量、申请教育项目等,这一方通常是城区成校。这种两校或多校合作,一地授课的实施方式需要合作方积极配合,在项目负责人的统一管理下各司其职,保障教育项目顺利完成。

再完备的计划也会有疏漏的地方,因此在实施互联教育项目的时候,很可能会产生需要结对双方不断处理的各种新问题。在共同实施教育方案的时候,需要结对双方学校的具体办事人员保持畅通的沟通方式。

(四)共享教育成果

教育成果共享是教育互联的终点,也是下次开展合作的基础。教育成果的共享,有多种形式,比如说教育成果所带来的经济收益的共享、社会效益的共享、完成政府指标的共享等。

案例7-5 於潜成校与余杭成校共享教育成果

临安市於潜成校余杭区余杭镇成校建立了城乡结对互助共同体,并着重在学历教育方面开展了深入的合作,实现了教育互联。近2011年一年,於潜成校与余杭成校合作开办学历班8个,学员234人,其中本科班2个,学员58人;大专班4个,学员109人;村干部"双证制"高中班1个,学员35人;大专本科新生32人。学员们通过学习,文化水平显著提高,为全镇各行各业培育和输送了大批人才。临安文华饲料有限公司鲍永明夫妇坚持参加农村经济管理中专和大专班学习,"市场营销"、"企业管理"等课程使他们深受影响,他们学以致用,兴办起了文华饲料万头养猪场。又如,潜东村原党支书张德生,在我校学习取得行政管理大专学历,通过公务员考试,现走上了乡镇领导岗位。为当地经济发展培养和输送了一大批中高级人才。

共享教育成果的形式非常多样,在本案例中,余杭成校作为具有举办多年学历教育经验的城区成校,通过城乡结对互助共同体与於潜成校共同开办学历教育班,共享学历教育班的教育成果,而且,於潜成校学历班毕业的学生并不会忘记,在他们读书的过程中得到了余杭镇成校的帮助,这对一所学校来说又是一种潜在的社会价值,对学校今后的招生工作具有良好的影响。

第三节 类型三：科研互助式

成校科研力量较为薄弱，是长期以来制约成人教育发展的内在因素之一。究其原因在于成校力量薄弱以及成校教师科研工作经验较少，缺乏系统的科研训练。

成校要持续发展并不断提升办学水平就离不开科研工作，为了迅速有效地提高成校科研水平，城乡结对互助就成为一种现实的选择。

一、科研互助式的基本内容

（一）共同申请实施科研项目

共同申请和实施科研项目是科研互助式成人教育共同体的主基本内容之一。在申报各级各类科研项目的时候，结对学校可以共同申请，不仅提高了申请科研项目的成功率，而且还能够降低一所学校单独完成一个科研项目的难度。在科研项目的实施过程中，结对学校一同进行研究。

（二）出资帮助结对方完成科研项目

农村成校相对来说科研经费较为紧张。经费问题往往成为制约农村成校开展科研工作的主要因素。在经费条件允许的情况下，城区成校能够出资帮助农村成校开展科研项目，帮助农村成校解决燃眉之急。

（三）出人帮助结对方完成科研项目

成校一般而言教师人数较少，为了完成科研项目往往需要较大的人力调配，有时候缺人成为成校开展科研项目的拦路虎。城区成校与农村成校在组织培训的时间上，存在一定的时间差，充分利用这个时间差，可以提高成人教育人力资源利用效率。在农村成校教学工作量较少的时候，可以从农村成校调配教师到城区成校帮助其完成科研项目，反之亦然。

（四）协助结对方完成科研项目

一些科研项目需要较大的调查样本量或者需要抽取不同的研究样本，在这种时候，结对成校之间可以协助对方完成抽样及调查工作，为对方开展科研项目提供帮助。比如在对成人学习需求进行研究的时候，如果仅仅调查城区及城郊居民，则会以偏概全，不能充分反映成年人的学习需求。这就需要农村与城市结合起来，互相协助帮助研究方完成科研项目。

二、科研互助式的构建基础

（一）组织基础

科研互助式成人教育共同体，同样需要一定的组织基础。以开展科研互助为主的成人教育共同体，在建立之初，就要充分考虑到其组织目标要定位于服务结对学校的科研工作。组织成员构成要以双方或多方的主要领导及科研管理科室部门负责人为主体。

（二）契约基础

科研互助式成人教育共同体，是建立在一定契约基础之上的。这种契约不仅要包括科研成果共享的约定，还要包括科研过程风险公担、责任共负、经费分担、人力调配等一系列具体而成文的约定。

案例 7-6　瓜沥成校：城乡联姻　结对互动

10 月 31 日，大源成校叶校长带队，携手五位老师来到了瓜沥成校交流学习。活动中，瓜沥成校邓校长介绍了瓜沥镇的总体规模，包括了地域人口、企业、学校等大概情况。特别介绍了瓜沥成校一直提倡的六大素质（学历教育、农民就业培训、企业职工培训和下岗职工培训、文化休闲、青少年校外教育和新市民教育培训）提升教育培训工作的经验和成绩。富阳大源成校叶校长也明确表态，今后两校将发挥互助共同体优势，教材共编、课程共建、人员互访、课题共研、共同进步，为两地的教育互助工程建成城乡统筹的名牌工程、学习型城市建设的名牌工程、名校集团化的名牌工程尽绵薄之力。通过此次结对活动，相信两校定能达到"校校合作、互惠共赢"。

同时,开展合作研究需要对研究本身具有共同的价值取向,也就是说,心灵契约在科研互助式成人教育共同体中具有举足轻重的作用。科学研究不仅仅是一种脑力劳动,更是一种创造性的劳动。它需要参与研究的人能够形成充分的共识,并在这种共识的条件下各自求索,探究未知领域的奥秘。因此,科研互助式成人教育共同体需要更多的集体活动,以沟通成员间感情,促进成员间更多的交流,促使成员达成一致意见。

(三)资源基础

科研所需要的资源是多方面的,因此,要建立科研互助式成人教育共同体要充分考虑到各学校的固有科研资源。如果不能达到资源互补,那么将不利于共同开展科学研究。

案例 7-7 拱墅区、滨江区、桐庐县结对

2012 年 8 月 27 日下午,拱墅区、滨江区、桐庐县教育局城乡成校结对互助工作签约活动在桐庐社区学院举行。拱墅区教育局戴丽群副局长、滨江区教育局倪勇敏副局长、桐庐县教育局副局长濮樟虎、桐庐县教育局党委委员王兴春及三地的职成教科科长、相关结对社区学院和成校校长 20 多人参加了本次活动。

签约仪式由桐庐县教育局副局长濮樟虎主持,会议第一项议程由濮局长对参加本次签约活动的领导进行了介绍,并阐明了本次签约活动的意义和签约结对的主要内容;第二项是举行城乡成校结对互助协议签约仪式。这次结对互助,采取"城区社区学院＋农村社区学院"、"城区社区学校＋农村乡镇成校"、"城区社区学院＋农村乡镇成校"等形式,拱墅区、滨江区 7 所学院(学校)与桐庐县的 7 所学院(学校)结成了互助合作关系,在资源共享、项目共推、队伍共建、教材共编、人员互访、信息互通等方面开展互助合作。各社区学院、成人文化技术学校充分发挥学校各自优势,实施多层次、多样化、丰富多彩的结对互助活动,加快城乡成校教育资源整合,实现城乡成校优势互补、资源共享,推动城乡共同发展,促进社会幸福和谐。桐庐县教育局,诚恳希望拱墅区、滨江区教育局能多提供优质师资、先进的理念和信息

等资源,在技术和资金上给予兄弟学校更大的支持和帮助,为全面提升成人教育品质做出成教人共同的努力。

资源的互补既可以是人力资源的互补,也可以是物质资源的互补,也可以是教育理念上的互补,还可以是各种社会关系资源的互补。在科研互助共同体中,需要高度共享学校所拥有的各种资源,召开专门的资源协调会议,共同体成员要开诚布公地提需求,也要主动介绍本校拥有的各种资源。

三、科研互助式的运行机制

(一)确立共同研究项目

为了充分调动科研互助共同体成员学校的科研积极性,选择一个合适的研究项目至关重要。只有共同体成员对项目都感到非常有兴趣,并且研究项目能够对共同体有一定的帮助,才适合科研互助共同体来共同开展研究。在选择研究项目的时候,可以围绕以下两个方面进行选择:

1. 共同关心的课题

在学校的发展过程中,城乡学校可能面临不同的具体任务,比如说城区的成校可能更多要组织一些公益性的教育活动,而农村成校则要以劳动技能和实用技术培训为主。但是,这并不妨碍城区学校与农村学校找到共同关心的课题。比如说,一些具有较为广泛的适用性的通用的公益性培训,不论在城区还是农村,这种培训的组织方式、教育内容、所需资源都具有相似性,因此围绕公益性培训开展研究就能够成为城区与农村成校都较为关心的课题。特别是随着农村收入的提高,农民提高生活品质的渴望更加迫切,已经不满足于学习劳动技能,他们迫切需要学习一点如何高品质地度过休闲时间的新的生活方式。

2. 涉及校际合作的课题

校际合作的研究课题源自校际合作项目的开展。成人教育共同体建设过程中,频繁的校际合作成为共同体活动的主要内容,这就为开展相关研究提出了需求，也提供了研究的实践基础。在成人教育共同体中，成校不仅要共同建设和维护共同体，还要不断反思和研究共同体，通过研究的发现来不断推进共同体、革新共同体。只有成校都参与到对共同体的研究中来，共同体才能获得思考的能力，获得生命的力量，实现持续的健康发展。

（二）制订共同研究方案

选定好研究项目之后，就要制定科学的研究方案。研究方案对于研究起到至关重要的作用，没有科学的研究方案，研究就无从开展。对于共同开展的研究来说，研究方案更加重要，它不仅规定了研究的程序和方法，还对研究进程中合作各方的任务完成具体时间作出明确的规定，并需要明确各方的研究任务及遇到问题的时候经过何种途径进行协商。

（三）分头实施研究计划

在制定好研究方案后，就要分头实施研究计划。根据研究方案的规定，各参与方分别依据自己承担的研究任务开展研究。分头实施研究计划是科研互助的重要组成部分，虽然研究过程可能是分头的，但是也可能存在大量需要协商解决的问题。分头实施的主要含义还是各自明确研究任务，在本研究任务内以独立研究为主，但涉及对整个研究方案的调整，则需要互助双方共同调整。

（四）共同总结研究成果

在研究结束之前，需要科研互助共同体一同对研究成果进行汇总。总结研究成果的过程不仅是数据分析、文字整理的过程，更是对整个研究过程反思的回顾，不仅要得出相应的研究结论，还要对下一步研究提出一定的建议和意见。最终形成的研究成果应当是互助方共享的，共享形式主要包括：研究所获得的数据共享、研究所获得的资料共享、研究成果的署名权共享等。

第四节 类型四：资源互通式

城区与农村成校建立资源互通式成人教育共同体具有非常现实的意义，这首先是因为成人教育的城乡发展不均衡，而这种不均衡也主要体现在资源拥有量的差异上。为了详细分析资源互通式的城乡成人教育共同体的类型，这里首先需要对资源及教育资源作一些说明。

所谓资源指的是一切可被人类开发和利用的物质、能量和信息的总称，它广泛地存在于自然界和人类社会中，是一种自然存在物或能够给人类带来财富的财富。教育资源是人类社会资源之一。教育资源包括自有教育活动和教育历史以来，在长期的文明进化和教育实践中所创造积累的教育知识、教育经验、教育技能、教育资产、教育费用、教育制度、教育品牌、教育人格、教育理念、教育设施以及教育领域内外人际关系的总和。新资源观认为，在知识经济条件下对某种资源利用的时候，必须充分利用科学技术知识来考虑利用资源的层次问题，在对不同种类的资源进行不同层次的利用的时候，又必须考虑地区配置和综合利用问题。

一、资源互通式的基本内容

（一）成人教育物质资源的互通

所谓物质资源，是指长期存在的生产物资形式，如机器、设备、厂房、建筑物、交通运输设施等。在教育活动当中，物质资源并不会占据主导地位，但随着科技的发展，现代教育技术的普及，物质资源在成人教育的发展中显得越来越重要，特别是随着成人教育领域的不断拓宽，各种劳动技能培训都需要一定的实习训练场地、设备。物质资源的互通主要是指在教育场地、教育设施、教育实训基地等方面实现资源的互通。

（二）成人教育社会资源的互通

社会资源是指个体或团体之间的关联——社会网络、互惠性规范和由此产生的信任,是人们在社会结构中所处的位置给他们带来的资源。社会资源对成人教育发展具有重要的作用,成校需要依靠足够的社会资源来组织开展教育培训项目,这是成校区别于普通中小学校的重要特征。

(三)成人教育人文资源的互通

人文资源是指那些在社会经济运行过程中形成,以人的知识、精神和行为为内容,本身不直接表现为实物形态,能为社会经济的发展提供对象、能源的要素组合。人文资源是以人的智慧和行为为核心的资源,并且随着社会经济以及科学技术的发展而不断扩充。人文资源主要有以下几种资源形态:知识资源、信息资源、形象资源、关系资源、观念资源、体制资源,等等。

二、资源互通式的构建基础

(一)组织基础

成校资源互通的组织基础因资源性质不同,在组织构建过程中也存在一定的差异。资源互通要有明确的目标,以学校优质、优势资源的互通为重点。在确定互通资源的基础上,确定资源互通协调组织,这个组织的构成一方面要有学校双方主管领导,另一方面则需要具体办事人员也就是资源管理人员,此外,资源利用方也需要参加到协调组织中来。比如说,两所学校就厨师培训实习基地达成资源互通意向,那么,建立的协调组织除了两所学校的主管领导和厨师培训实习基地负责人,还要包括厨师培训管理人员。

(二)契约基础

以成文契约为基础实现物质资源的互通,以心灵契约为基础实现社会、人文资源的互通,才能实现成校间资源的真正互通,实现成人教育共同体的目标。

案例7-8 富阳、上城、萧山签订互助结对协议

2012年9月,富阳、上城、萧山三地成人教育互助共同体建立。9月3日,杭州市上城区教育局周文敏科长、萧山区教育局王来明主任、富阳市教育局缪一春科长及三地社区学院领导等十余人,在富阳学院进行城乡结对

互助工作协调会。富阳社区学院杜华勇院长、裘申良副书记参加会议。通过结对互助活动，发挥城乡成校各自优势，实现城乡成校优势互补、资源共享，共同提高城乡双方学校的办学水平，提升城乡双方学校教师的业务素质，建立起良好的校际合作机制。

物质资源的互通，相对来说操作难度不大，只要签订场地、设备及相关资源互通协议，就可以实现资源的共建共享，但是在社会资源及人文资源的互通中，成文契约并不能真正保证成校间资源的合理流动。因此，需要建立一种非常有效的心灵契约，在学校之间形成相互信任的氛围。

（三）资源基础

资源互通的资源基础是一个很重要的问题。要实现资源互通，首先是要结对互助双方都有一定的资源可以实现互通。倘若结对双方中的一方缺乏优质、优势资源，那就会形成资源单向流动的局面，从而很难维持资源互通的持续进行。城乡成校结对不是帮困扶贫，所以也不会是城区成校的资源单向流动到农村成校。为了确立资源基础，首先要树立大资源观，也就是说，不能将资源停留在看得见摸得着的物质资源层面，要充分重视社会资源及人文资源的挖掘和互通。

三、资源互通式的运行机制

（一）共同制定资源互通框架

学校间资源互通需要一个完整的框架。框架可以理解为方案，但比方案要灵活多变，主要列举资源互通学校各自可供互通的资源内容。

案例7-9　临安市清凉峰成校提供的资源互通框架部分内容

临安市清凉峰成校是杭州市示范性成校、杭州市合格社区学校、临安市农民素质培训示范基地、临安市农民素质培训优秀示范基地、临安市职业技能清凉峰镇培训站、临安市职业技能优秀培训站。

表 7-1　临安市清凉峰成校培训项目

编号	培训项目
1	维修电工（中级）
2	维修电工（初级）
3	蔬菜园艺工
4	工艺编织
5	电脑培训
6	保洁员
7	砌筑工培训（中级）
8	小型机械培训
9	家政服务员
10	中式烹调师（中级）
11	绿化工
12	农产品销售员（中级）
13	农产品销售员（初级）
14	手工编织
15	茶园工
16	护林员
17	学历教育
18	预备劳动力培训
19	创业培训
20	大明山职工培训
21	职工非证书培训

表 7-2　临安市清凉峰成校合作单位实训基地

编号	合作单位实训基地
1	面向社会
2	清凉峰镇吊瓜协会
3	农家乐
4	清凉峰经济合作社
5	清凉峰镇吊瓜协会
6	山核桃加工企业
7	清凉峰经济合作社
8	大明山农家乐
9	农家乐
10	清凉峰经济合作社
11	清凉峰德金五金产
12	清凉峰水电安装队
13	清凉峰水电安装队
14	川力科技有限公司
15	上海绿色编织工艺有限公司
16	面向社会
17	面向社会
18	清凉峰水电安装队
19	清凉峰水电安装队
20	清凉峰经济合作社
21	上海绿色编织工艺有限公司
22	面向社会
23	清凉峰环卫所
24	昌西建工队
25	清凉峰经济合作社
26	临安市家政服务公司
27	清凉峰镇各饭店酒店
28	浙江盛美园艺有限公司
29	山核桃加工企业

第七章　城乡互助型共同体的建设

续表

编号	合作单位实训基地
30	山核桃加工企业
31	上海绿色编织工艺有限公司
32	天目青顶茶叶有限公司
33	清凉峰镇护林队
34	面向社会
35	个体企业
36	杭州大明山旅游有限公司

（二）提供资源互通渠道

资源互通渠道是实现资源互通的关键环节,良好的渠道包括便利的沟通方式、明确的资源负责人及便利的交通。同时,依据不同的资源类型,互通渠道也有所区别。物质类资源以组织培训时共用或借用场地为主,社会资源则在开展培训项目启动之前需要建立合作关系,人文资源则需要学校间建立交流机制。

（三）实施资源互通评估

资源互通评估是为了能够及时获得资源共享的反馈信息,能够判断哪些资源互通框架内的资源实现了良好的共享,哪些资源没有能够实现共享。对那些没有能够实现共享的资源要找到影响共享的原因,及时疏通资源互通渠道的障碍,如果资源无法实现互通,则需要剔除这些资源信息。

第八章

成人教育共同体建设的成效与展望

成人教育共同体的建设，实现了成人教育发展思路在理论与实践上的创新。合建共享理念将成为更多成人教育工作者的共识，成人教育共同体的构建机制将在更多地区得到推广和应用。

成人教育共同体的构建与运作,是实现成人教育资源合建共享的有效途径。以杭州为例的成人教育共同体建设研究,所取得的理论与实践两个方面的成果,使我们确信,探索具有我国特色的成人教育的发展之路,虽然极具艰辛与挑战,却意义重大。展望未来,我们深信,合建共享的理念将成为更多成人教育工作者的共识,成人教育共同体将在更大范围和更高层面得到发展。

第一节　成人教育共同体建设的主要成效

成人教育共同体的建设,不仅取得了丰硕的理论成果,在实践上亦整合了成人教育的人力、物力、财力等资源,促进了杭州成人教育的科学发展。

一、实现了成人教育发展思路在理论与实践上的创新

(一)提出了成人教育发展的共享理论,实现了成人教育发展思维的创新

成人教育共同体是基于共建共享的基本核心理念来进行构建的,是成人教育发展共享理论的一种体现。它拓宽了成人教育的发展路径,使成人教育发展资源的利用途径有了新的理论突破,也为成人教育发展的研究提供了新的方向与视野。成人教育是教育领域中的概念,而共同体是政治学

和社会学领域中的一个重要概念。在许多人看来,两者分属不同的领域,并不存在任何联系。然而,成人教育共同体的提出,让共同体的概念延伸到了成人教育领域,为共同体与成人教育架起了一道桥梁,使两者建立了联系,产生了交集。借助共同体的形式,成人教育的各方力量密切联系了起来,形成成人教育发展的合力,并提高了成人教育自身发展的能力。从更深的层次来看,成人教育共同体这一理论的提出,是对当下成人教育发展现状的正视,更是对成人教育未来发展道路的积极探索。

不仅如此,成人教育共同体的构建也为成人教育研究提供了新的发展思路。和以往的成人教育理论不同,成人教育共同体更关注和强调成人教育机构之间的合作关系,尤其在当前,成人教育的发展存在总体教育资源不足、教育资源分布不均衡、城乡发展差距大等多方面的问题。如何在有限的人力、物力、财力情况下缓解这些问题,需要探索出一种新的解决方式。而成人教育共同体是在对杭州市成人教育发展现状全面分析的基础上,将国外共同体的相关理论与成人教育相结合而提出来的。它是通过成人教育内部资源以及外部资源的整合来实现成人教育资源的共享,这一理论为解决成人教育发展中所遇到的许多问题,尤其是资源不足的问题提供了很好的实践依据。成人教育共同体的构建是对成人教育发展中各种发展力量联动关系的一种承认和肯定。成人教育的发展仅仅依靠各个成人教育机构的"单打独斗"远远不够,它需要政府、教育部门、社会、企业以及各类成人教育机构之间的通力合作、多方联动。成人教育共同体将这些力量积聚到了一起,并相互促进、互通有无,这种可行且有效的方式使成人教育机构从以往的自我封闭发展中走出来,实现与外部力量的合作与共享。

从以往的相关理论来看,成人教育的研究大多局限在教育领域,没有跳出教育看教育,研究视域也不够广阔。然而,成人教育共同体的提出,不仅使成人教育的理论研究跳出了教育视角,而且将社会学视角纳入其中,从社会合作、社会资源共享的层面思考和探索成人教育的系列问题,同时遵循理论先行、实践论证的研究过程,这无疑是对成人教育理论的一次创新与发展。

（二）建设成人教育共同体，在实践上实现了成人教育发展模式的创新

1. 由"等、靠、要"被动发展模式向主动出击的积极发展模式转变

随着我国社会经济的快速发展以及国外终身教育、终身学习的理念和思潮的涌入，成人教育在提高成人整体素质、提升成人生活质量上的意义与作用越来越凸显。一方面，产业布局、产品结构的调整使企业对人力资源的结构、素质以及人才培养模式等提出了更新、更高的要求，企业、成人对职业培训、岗位培训、继续教育的需求空前高涨，同时，人们的生活水平显著提高，市民对与提高生活品质息息相关的各类文化、娱乐、体育、健康的教育需求也大幅度提高，期望教育机构为其提供的教育服务也更为丰富多样。另一方面，我国政府提出的教育改革与发展的目标虽然涉及各级各类教育，但资源分配的重点却放在了普通教育和职业教育上，成人教育的师资、办学经费、教育教学设备、场地等各类资源明显不足。尤其是在偏远地区的农村，人力、财力投入不足，教育资源严重匮乏。成人教育资源面临着"僧多粥少"、分配不均的问题。

纵观以往，我国主要是以政府拨款、政府投入的方式来发展成人教育，这一方式的确为成人教育发展提供了一定的可靠、稳定的经费来源，也间接增加和充实了成人教育的整体资源。但同时，它也形成了一些成人教育机构"等、靠、要"的思维惯性和行为模式，当资源不足时，便一味地寄希望于政府的经费，而缺少主动寻找其他途径，自力更生，解决资源不足问题的勇气和决心。这也导致不少成人教育机构将发展中所遇到的阻碍仅仅归结于上级经费拨款不够这一单方面的原因上，而少了对自我主观能动性发挥不够的反思与行动。不少成人教育机构因资金短缺或不到位而以消极状态应对发展中的困难，工作积极性不高，缺少活力，牢骚抱怨多，得过且过，直接影响了成人教育服务质量，阻碍了成人教育的发展，导致成人的学习、教育需求没有得到很好的满足。

虽说借助国家的支持来发展成人教育本无可厚非，而且这些年国家、政府每年也确实在持续不断地给予成人教育一些政策、经费的支持，尽管与普通教育、职业教育相比仍显不足，但在一定程度上为成人教育发展提供了不

少经费保障。然而要从根本上解决成人教育"僧多粥少"、资源不足的问题仍有待时日,这是因为政策倾向性的调整需要时间,加之我国地域面积大,成人教育机构数量多、类型多,情况复杂,这种情况将在很长一段时间内存在。

在这种状态下,如果仍然坐等上级部门拨款,而不积极寻找其他出路,成人教育的发展必然停滞不前,甚至倒退。成人教育共同体的提出与实践,恰恰为成人教育发展提供了一种新的思路。它化被动为主动,从自身已有的资源以及外部教育资源出发,通过对各类成人教育机构的有限资源的重组与集聚,盘活现有的资源存量,充分发挥成人教育内部的合作力量来尽一切可能地聚集资源、创造资源,这改变了成人教育长期以来形成的"等、靠、要"的发展惰性,也充分体现出成人教育机构集体发挥主观能动性的积极进取精神,其转变有力缓解了成人教育总体资源匮乏、发展不平衡等一系列问题。

2.由"独享"向"共享"的积极转变

教育资源是成人教育实现跨越式发展的动力源。由于政府投入有限、资源缺乏,拥有资源、促进自身发展就显得极为宝贵。在以往发展过程中,因为一直缺少有效的资源共享机制和途径,成人教育机构都习惯各自为政,依靠自身已有的资源,或自行建设、使用。教育资源在成人教育内部之间以及成人教育内部与外部之间都没有统一的统筹调配、有效规划与科学管理,成人教育资源缺少整合。以教师和教材为例,各个成人教育专兼职教师的来源基本是自行解决,区域流动不大。教材重复建设,同样的课程,不同区县的成人教育机构都有自己编制的一套教材。因此,从整体上来看,成人教育资源处于分散、无序状态,没有得到有效整合,资源之间不能互联互通,无法实现共享,这不仅造成人力、物力、财力上的浪费,也加剧了资源发展不平衡的现象,优秀资源仅限于"内部使用",因为共享意识的缺乏以及共享途径的缺失,成人教育机构的发展视野狭窄,发展理念保守。他们既不愿意贡献优质资源为别人所用,也缺少分享别人的资源、为我所用的意识,更忽视与其他成人教育机构的交流与合作,忽视优质资源的推广、共享,成人教育资源流动渠道不畅通。

成人教育共同体的出现,打破了成人教育机构条块分割、各自为政、在资源上各自"独享"的状态,开创了一个强强联合、强弱帮扶、资源共建共享的成人教育发展新局面。由企业、成人文化技术学校、社区学院、民办培训机构等成人教育机构共同组建的成人教育共同体,在教师、课程与培训项目、教材、信息、设施设备及场地等方面通力合作,合力共建,并实现资源的跨校、跨区域的无障碍共享,最大限度地发挥了现有成人教育资源的效用。

事实证明,成人教育共同体通过杭州的实践为成人教育总体资源不足、发展不平衡的问题寻找到了一条有效途径,也形成了一个能推动成人教育可持续发展的新模式。而这一发展模式在实践中所取得的成绩与经验也将为我国其他地区和城市发展成人教育、解决成人教育资源问题提供了很好的借鉴和全新的发展思路。

二、整合了成人教育资源

在成人教育共同体尚未构建之前,成人教育机构无论是内部还是外部,都缺少联系与互动,尤其在资源上。成人教育共同体建立以后,成人教育机构内部之间、内部与外部以及区域与区域之间都建立起了密切的合作关系,使成人教育资源得到了高度整合,充分发挥了"1+1>2"的效用。潜在的成人教育资源得到挖掘,成人教育的总体资源则在各种力量的聚合、推动下不仅有所增加,同时也变得活化、流动起来,在一定程度上缓解了区域之间、城乡之间成人教育资源发展不平衡的问题。

(一)整合教师资源,缓解了成人教育师资不足的问题

成人教育共同体在构建实践中,积极促进教师,尤其是优秀兼职教师的流动,努力提升专职教师的专业素养,使杭州市成人教育师资不足的问题得到了有效缓解。

1. 合建师资库使成人教育兼职教师在区域间以及跨区域得到有效整合,加快了兼职教师的流动与共享

由于成人教育各种培训种类繁多,实用性、操作性较强,因而需要教师

具有丰富的专业知识以及实践经验。各行各业、各个领域的优秀人才都是成人教育兼职教师的重要来源。以往各成人教育机构都是自己聘请兼职教师,聘请渠道大多为熟人介绍或专职教师个人推荐,渠道单一,优秀且大量的兼职教师不易寻觅到。为了给更多的成人教育机构提供丰富的师资信息,促进优质教师资源在各成人教育机构间流动,成人教育共同体面向全杭州市构建了一个成人教育师资库。各个成员单位将本单位的兼职教师进行筛选,并将优秀者推荐入库,教师库中包括了教师的姓名、学历、专业、工作单位等个人信息以及授课名称、授课时间、联系方式、推荐学校等内容。师资库被放置到成人教育共同体的信息网络平台上,不同的成人教育机构可以根据需求选择自己需要的兼职教师。师资库定期进行更新,并附有对教师的评价与星级评分。

师资库中,兼职教师来源渠道广泛,包括企、事业单位,民间协会,政府职能部门,农技中心,高等院校等几十家单位,兼职教师所擅长的专业也各有所长,包括文化、法律、娱乐、健康养生、农业技能培训、职业技能培训、职业素养培训,等等,所涉及的专业和领域也非常丰富。这也极大满足了各个成人教育机构对不同专业培训的教师需求,促进了教师在区域内、区域间的快速流动。

表 8-1　杭州市成人教育共同体师资库教师来源一览表(部分)

教师姓名	教师来源单位	擅长专业
方晨光	市社会科学院文史研究所	萧山文化研究
来尧林	萧山区教育局	家庭教育
翁迪明	萧山图书馆	非物质文化遗产研究
王爱萍	杭州市文化馆	越剧表演
朱　斌	杭州市萧山区人民医院	肿瘤防治
胡松学	杭州市西湖区农业技术推广中心	水产养殖

到目前为止,杭州市成人教育共同体师资库已纳入优秀兼职教师 400 多名,每位教师人均被选用 6 次。成人教育共同体的师资库不仅将成人教

育机构内部的人力资源充分利用了起来,还将来自社会各行各业、不同的领域、不同的机构的优秀的人力资源都整合了起来,并通过网络信息平台共享,为成人教育机构提供了源源不断的优质师资。

通过协调和配置,成人教育共同体不仅把中小学教育系统的教师、相关政府职能部门的技术人员、社会办学机构的师资为我所用,建立起一支稳定、知识水平高的兼职教师队伍,长期为成人教育培训服务,也因此解决了成人教育机构师资力量不足、技术人员缺乏的困难。

2.培训专职教师,提高了专职教师的整体素质

成人教育共同体通过各种形式、借助多种载体,以丰富多样的形式为成人教育机构的专职教师搭建培训、进修学习的平台,为教师之间的交流与沟通创造条件,提供机会。

(1)实验项目研究,推进了专职教师的专业发展。

实验项目是成人教育共同体的重要内容之一。为提高实验的成功率,指导和帮助各成人教育机构的实验项目顺利开展,作为成人教育共同体的资源整合管理核心单位,杭州市成人教育研究室进行了以实验项目研究为培训内容的系列培训,有实验项目的各成人教育机构选派一定数量的骨干教师参加培训学习。培训聘请大学研究成人教育的教授、专家以及长时间从事成人教育工作的行政干部、经验丰富的一线骨干进行专题讲座,开展专业培训。培训内容主要帮助教师从日常工作中选择实验项目,开展研究与实验,积累资料与数据,推进教师由传统的经验型、勤奋型、粗放型向科研型、学者型、专家型发展,构建项目实验研究网络,形成工作项目化,项目实验化,实验科学化的格局。在培训过程中,坚持三个结合,即坚持项目实验与提高教师素质结合、坚持项目实验与成人教育创新结合、坚持项目实验与成人教育品牌打造结合。通过参与科研实践,理性思考,整合提炼,使教师的科研能力与素养得到质的飞跃,提高了教师开展实验项目的实践能力,有效加强成人教育师资队伍的培育。

(2)促进了成人教育机构负责人的角色转变。

新形势下,发展策略、发展思路以及发展理念直接决定成人教育机构的

发展方向和发展前景。社会转型期的成人教育机构的校长、院长必须承担职业服务者、系统思考者、制度设计者等多重角色。为此,成人教育共同体开展了面向成人文化技术学校校长、社区学院院长的系列培训。培训采取"主体参与式、问题探究式"的方式,每期围绕某一个主题进行研讨,通过榜样示范、专家引领、现场观摩、主题论坛以及经验介绍等多种形式与活动为成校校长、社区学院院长搭建学习和交流的平台。系列培训不仅提高了成校校长、社区学院院长的理论水平,增强了他们对成人教育的理性认识,而且开阔了思路,拓宽了视野,并达成了"有为必有位"、"需求决定存在",以社区研究团队、教育组织团队、课程开发团队的建设强大自身,以公益性与非公益性教育的并举拓展发展空间,谋求自立自强之道等共识。

(3)增强了民办教育机构教师的服务水平。

作为杭州市成人教育共同体的重要组成部分,民办教育机构在各种项目的研究与实践中发挥了积极的作用。为了提高民办教育机构的服务意识与服务能力,成人教育共同体在将近两年的时间里,先后组织了四次民办教育机构骨干教师及管理人员的培训。培训围绕当前民办教育在我国教育体系中的地位、国内外的发展背景、存在的问题与困难,尤其是对民办教育机构在开展成人的学历、技能等方面培训时的各种困惑和疑难问题进行了深入探讨,同时也讨论了民办教育机构的服务范畴,并以系列主题问答的形式对如何提高自身教育服务能力进行了广泛交流。四次培训氛围民主、讨论热烈,参与单位相互交换思想,集思广益,共同寻求问题的解决答案,在一定程度上促进了教师对民办教育机构服务功能的深刻理解,提升了教师为成人提供教育服务的意识与能力。

(二)整合课程(学习项目)资源

在建设成人教育共同体的过程中,成人教育课程资源的整合与共享是共同体关注和推进的重点,它也成为共同体内涵发展的重要抓手。杭州市成人教育共同体不仅对全市成人教育课程(学习项目)进行了摸底,开展了居民学习需求调查,进行了通识课程读本的系列开发以及一些贴近百姓生活的活动项目、实验经验类的学习项目的探索。与此同时,课程开发地方特色明显,实效性强,针对性强,受到居民的广泛好评。

1.开发出了一系列通识课程,有效推进了全市成人教育课程的整合与共享

(1)开发通识课程。

为实现成人教育课程资源的共建共享,杭州市成人教育共同体成立了通识课程开发小组,组建了六所社区学院、成校(都为共同体的成员单位)共同参与的开发团队,确定了六门通识课程。六所社区学院、成校根据自身原有的课程基础以及课程优势,自愿申请牵头负责一门通识课程的开发,并列出各自的开发计划、开发流程、开发行事历。考虑到杭州是著名的"茶都",西湖龙井茶名扬天下,在通识课程中弘扬杭州特色的茶文化,让市民了解家乡的茶史、茶艺、茶事等内容,激发居民热爱家乡的情感,是社区教育课程在提高居民素质、提升居民生活品质、构建和谐社会中的重要体现,课题组通过讨论,最终另增加了西湖龙井茶文化作为杭州的特色通识课程(见表8-2)。

表8-2　杭州市成人教育通识课程一览表

牵头开发单位	承担开发的通识课程
下城社区学院	家庭教育
上城社区学院	科普常识
滨江区长河成人文化技术学校	投资理财
西湖区之江社区学院	电脑上网
西湖风景名胜区社区学院	西湖龙井茶文化
桐庐县职成教中心	市民文明礼仪

教材(读本)是课程的重要载体,能对课程实施起到一定的辅助作用,有助于成人的教学以及成人的自学。为了更好地方便课程的实施,六家共同体的成员单位根据自己所承担开发的通识课程的内容,分别编制了相应的教材,教材所涉及的内容充分体现了普适性,反映了居民的学习需求,且包含该门课程最基础的知识内容。

(2)实现了通识课程与教材的共享。

成人教育共同体以六门通识课程为基础,先在开发成员单位之间进行

内部共享。每个成员单位列出各自的课程实施计划、教学大纲,精心选择该门课程专业知识丰富、教学经验足的教师上课,课后开展居民的评价反馈调查,再根据反馈不断改进、提高,直到这六门课程的居民满意率达到 80% 以后,才将课程向成人教育共同体其他成员单位进行了推广与共享。成员单位都可以以印刷价格购买且使用六门教材中的任何一本。不仅如此,成人教育共同体的成员单位也一起共享了通识课程中优质的授课教师以及较好的教学方式,相互之间的学习和观摩也促使六门通识课程不断得到改进与提高,使通识课程这一资源在全市获得了有效的共享。

2.课程资源的整合,避免了教育资源的浪费

课程资源的整合更多地体现在各类成人教育共同体内部资源的整合。有些类型的成人教育共同体将各自原有的、低效的、重复的培训课程进行调整,实现课程资源的统一、集中利用,提高了培训实效,也避免了资源浪费。以桐庐富春江成校的成人教育共同体为例,他们把本地的成人教育课程资源进行整合、归类,有序进行发展,并在地区内予以分享,使成人教育课程更具实效性。例如,杭州桐庐县富春江成人文化技术学校与企业相结合,形成成人教育共同体,根据企业职工学习需求的多样性和层次性,以及成人教育培训的规律开发出了"双证分层培训"的模式。该模式建立在校企一体化合作基础上,将培训课程整合为核心课程、拓展课程和学徒课程三大类(详见表 8-3)。

表 8-3　桐庐县富春江成校成人教育共同体的三类课程框架表

培训课程	主要对象	培训内容	考核证书
核心课程	新招聘员工 企业问题员工 未就业人员	电工基础、电工工艺、电工基本操作技能、焊接材料、电弧焊工艺知识、焊接基本操作、焊工、机械制图、机械基础、金属材料、加工工艺、操作技能、安全生产等	初级职业资格证
拓展课程	企业在职员工 尚未获得中级证书	"双证制"文化基础课 中级证书理论课 中级证书实践课	中级职业资格证书 "双证制"初、中、高级证书
学徒课程	具备中级职称员工	一对一辅导	高级、技师职业资格证

经过近两年的实践构建,杭州市成人教育共同体通过对人力资源、课程资源、技术资源的充分整合、利用、共享,使成人教育利用了一切可利用的内部资源、外部社会资源,成校、社区学院等成人教育机构之间、成人教育机构与民办培训机构、职校、技术中心等社会机构之间通力合作,形成一股强大的成人教育发展合力,杭州市成人教育资源匮乏的状况也因此得到有效的缓解。

(三)"社区共学网"实现了成人教育信息的共享

信息的共享与互通是成人教育共同体构建过程中受到高度重视的内容之一。通常,成人教育资源滞化、缺少流动,主要在于信息的封闭与孤立。为了打破阻碍成人教育信息灵活流动的壁垒,杭州市成人教育共同体以网络为载体,构建起了"杭州终身学习网"、"社区共学网"两个信息共享平台。"杭州终身学习网"主要面向成人教育机构,为其提供全杭州市成人教育的最新动态、各级法律法规、杭州市成人教育共同体的各类活动消息等信息内容。"社区共学网"则不仅面向成人教育机构,为他们提供优质师资、课程、基地的信息以及共享途径,而且也面向全体杭州市民,为其提供详细的各区的成人教育培训信息。

两个网络平台的构建,有效整合了全市成人教育信息资源,为成人学习、成人教育机构之间的资源共享、成人教育工作者的资源获取提供了极大的便利。一些市民通过网络平台,选择自己感兴趣的课程,按照平台中呈现的课程时间、课程地点进行跨区域学习。平台中的课程共享、师资共享、基地共享等栏目内容为社区教育机构提供了内容丰富、容量巨大的信息资源,有效促进了实践中的成人教育信息资源的互通与共享。

(四)提高了成人教育基地的利用效率

基地是成人教育机构开展教育培训的重要场所。在以往,杭州市的成人教育机构多选择自己校内开展培训,学员在教室中进行学习。随着成人教育共同体的构建,成人教育机构之间以及成人教育机构与企业、与技术中心等社会机构之间的合作增加,学员培训、学习的场地走出教室,走进工厂,走进农田,变得越来越多样化,许多成人教育机构的基地得到了拓展与优化,甚至实现了基地培训、实践操作、技能鉴定、指导咨询、营销的一体化。不仅使基地的服务与利用的范围大为拓展,也使基地的功能得到丰富与提升。例如西湖区之江社区学院构建的成人教育共同体进行了"一站式"培训模式的升级和改造,不断丰富这些培训基地的功能,使其成为农民实用技能培训实验的领头雁和示范点。"一站式"基地建设是西湖区之江社区学院在农民教育培训模式上做出的一次大胆的实践探索,它改变了传统农民教育的粗放式培训模式,将农村社区教育的实践推进到了发展的新层次和新高度。"一站式"基地建设是从实践中来的,其产生具有一定的偶然性,但是,经过挖掘和推广,它现在已经开始成为之江社区学院开展农村社区教育的主要培训模式。

案例 8-1　桐庐地区异质型成人教育共同体构建园林实训基地

桐庐县职业技术学校在政府的支持和帮助下,构建起了一个以园林产业为核心,通过学校、培训机构、行业、企业、政府(乡镇、社区、村)等多主体合作、多维度的跨界联合的成人教育共同体,建设起了校企合作园林技术培训基地、杨梅产教结合研发基地、生态农业实训基地。基地投入 200 万,建成了水产养殖区、果树栽培区、苗木繁殖区、大棚养护区、畜牧养殖区、蔬菜种植园区、产教结合区、园艺植物种植区、花卉盆景栽培区、园林规划与设计微缩景观作品制作与展示区等 10 个实训项目功能区。还建立了产教一体的跨界共同体,提高培训实效和资源利用率;建立跨界协同招生制度,组建跨界双师型教师资源库,开展跨界教育培训,形成成人教育共享培训机制。通过构建共同体,通过校企合作实现学校与企业的合作、教学与生产的结合,校企双方互相支持、互相渗透、双向介入、优势互补、资源互用、利益共享,使学校和企业的各自优势得到充分发挥,社会与企业需要的人才共同得到培养,学校与企业达到合作共赢的目的;整合了资源,提升了培训素质,提高了当地农民的整体素质,为引领致富,推进城乡一体化,建设美丽乡村培养了高素质农民。

不仅如此,由于成人教育共同体对教育资源的有效整合与共享,资源利用率大幅度提高,这也避免了资源浪费,有效节约了本就不多的成人教育资金。以全域型成人教育共同体所进行的成人教育通识课程的教材编制为例,采用共建的方式由多家成人教育机构共同开发一套系列教材,并在全市范围内推广使用,既集共同体内的优秀编写力量编写出高质量的教材,又避免了因重复建设所带来的资金、财力的浪费。

三、有效提升了成人教育的品质

(一)成人教育机构的发展能力获得提升

1.教育服务的能力得到提高

杭州市成人教育共同体的构建,促使杭州社区学院(成校)和民办培训机构等成人教育机构深层次地思考自身的改革和发展问题。以异质型成人教育共同体为例,由杭州市政府组织开展的以学历、技能为核心的"双证制"教育,在为社区学院、成人文化技术学校、民办培训机构与职校、职业学院、企业结成异质型成人教育共同体提供载体和平台的同时,也促使这些成人教育机构加强自身建设,提高教育服务能力。首先,"双证制"的培训机构认定,对学校软硬件有一定要求,而在审核中对公立的社区学院(成校)以及民办的培训机构一视同仁,这就促使学校与培训机构加强自身的软硬件建设,同时也形成良性的竞争机制。

表8-4 杭州市各区、县(市)成人"双证制"教育定点培训单位情况统计表

	社区学院	乡镇成校	职业高中	技工学校	大专院校	民办培训机构	总计
城区	6	10	2	3	13	88	122
萧山		22					22
余杭		17					17
桐庐	1	7					8
淳安	1	23	2	1			27
建德		5	2	1		2	10

续表

	社区学院	乡镇成校	职业高中	技工学校	大专院校	民办培训机构	总计
富阳	1	9	2				12
临安	1	17				2	20
全市	10	110	8	5	13	92	238

从上表提供的数据可以看出,在被认定的 122 家培训机构中,除了主城区的 6 家社区学院和 10 所成校参与其中,还吸引了江干职高和拱墅职高 2 所职高以及 104 家民办培训机构、技校、职业学院。一些缺乏技术培训能力的成校主动与培训能力较强的民办培训机构合作,实现共赢。其次,培训资格公平竞争的准入机制让成人教育机构处于教学改革的风口浪尖,迫使他们做出有利于"双证制"教学的改革。被认定为"双证制"培训机构的成人教育机构,都会组织专门的领导小组,成立单独的培训部门,组织经验丰富的教师,制定详细的招生和教学计划,同时在教学上尽可能做到开放与灵活,为学员提供良好的服务和优质的教学。再次,培训的学员分散在各个角落,培训学习改变以前等学生上门的招生习惯,主动下乡进企,调动村干部和企业领导的积极性,争取他们的支持。比如杭州浙江育人专修学院,他们采取校企联合、社区联动等方式收集信息、组织生源。他们一是与学校附近的蒋村社区联动,由社区相关人员和学校教师共同到各村与村民进行面对面宣传;二是与相关企业的领导交流沟通,同时听取职工的意见和需求。学校分别与银河伞厂、鑫利达服装厂、名流服装厂等企业进行合作,既提高了企业员工的素质和技能,同时也达到了较好的社会效应;三是和下沙白洋街道合作,组织老师对街道所属的商场、商店的员工进行面对面的沟通、宣传,达到了较好的效果。

案例 8-2　杭州经济管理专修学校"五个一点"成人教学法

杭州经济管理专修学校先后组织了 5 期文化课学历教育,第一期于 2009 年 7 月底开班。在实践摸索中逐渐形成了"五个一点"的教育特色:备课认真一点,上课提前一点,讲课生动一点,辅导耐心一点,教学互动多一点。

备课认真一点。要求所有教师要针对成人学员特点进行备课，教案要检查，课前要集体备课，课后要教学小结。

上课提前一点。针对成人学员学习疑问多的特点，授课老师都会比正式上课时间提前半小时到教室，为学员解答有关疑难问题。

讲课生动一点。由于学员年纪大，放下书本时间较长，基础较差，要求老师讲课尽可能生动，多用案例法。

辅导耐心一点。由于一些学员基础差，记忆力差，平时又忙于工作，还要承担家务带小孩等，我们要求老师在辅导时要耐心，一遍不行讲两遍，两遍不行讲三遍。有些老师知道学员回去也挤不出时间看书，就在课堂上对当日授课内容进行辅导检查，过关了再让他们回去。

教学互动多一点。因为成人的理解力较好，社会经验丰富，所以我们要求课题以互动教学为主，发挥成人的学习主动性。

可以这样说，借助"双证制"实施的这一契机，各成人教育机构结成了发展成人教育的力量同盟，这些机构的结合与合作是异质型成人教育共同体构建的高度体现。它不仅对社区学院和成校的办学能力进行了一次检验，也对民办培训机构进行了一次大规模的梳理。一些学校和培训机构在实施过程中教学观念发生了变化，浙江育人专修学院的马蕾玉校长说："双证制的实施给我们学院一个新的发展平台，让我们将目光从原来的单纯自考培训转向社会培训，在社会培训的广阔天地里相信我们一定大有作为。"再比如新湾成校教育文化综合体在原有场地的基础上增加文化、健身类场馆，在其教育培训的职能基础上，增加为社区农民文化生活等方面的教育服务的功能，将以成校为核心的教育文化综合体建成当地农民的精神家园，也极大提升了学校的教育服务能力。

2. 与外部力量的合作能力得到提高

在成人教育共同体构建之前，杭州市的成人教育机构之间以及成人教育机构与社会各类机构之间交流与合作相对较少，不少成人教育机构都是各自为政开展成人教育。在两年的共同体构建过程中，通过异质型共同体、同质型共同体、全域型共同体等子共同体的构建，为成人教育机构之间以及成人教育机构与各类社会机构之间架构起了合作的桥梁，增进了彼此的交流，并在合作中都有所受益，实现了双赢。而丰硕的合作成果又进一步促进了这些机构的再次合作，使彼此的持续发展能力得到增强。

案例 8-3　校企合作，共同打造千岛湖有机鱼产业培训链

素有"中国有机鱼之乡"美誉的千岛湖位于杭州西郊的淳安县境内。据不完全统计，目前，千岛湖渔业年产量达 1.6 万吨，年经济产值近 5 亿元，从业人员数以万计。有机鱼特色产业现已建立起集"养殖、管护、捕捞、销售、加工、烹饪、旅游、科研"等为一体的完整产业链，形成独具特色的经营模式，渔业产量、产值及渔业经济效益得到了很大的提高。然而，作为千岛湖镇经济发展的支柱产业，从业人员职业素养偏低的问题却越来越成为困扰有机鱼产业可持续发展的主要瓶颈之一。为解决这一问题，千岛湖成校本着服务地方经济发展的思路，开展校企合作，与企业共同打造有机鱼产业培训链。

从 2011 年开始，千岛湖成校就积极主动与企业商洽培训事宜，先后与金恒服务有限公司、千岛湖游船艇公司、千岛湖发展有限公司等企业达成了培训意向，组织了 330 余名学员参加培训。而通过这些培训，成校不仅深入了解了有机鱼企业发展的实际与需求，而且在与相关企业的合作过程中，成校还展示了自己的势力，发挥了自己的资源与专业优势，特别是一些项目组成员以强烈的责任意识与务实的工作态度为学校赢得了很好的对外形象，也为成校与发展公司及其他企业开展合作奠定了良好的基础。

3. 提高了成人教育机构培训质量

由于成人教育机构通过联合内部力量，借助外部力量，有效地解决了自身在技术、师资、课程、信息等方面缺乏的问题，其教育服务能力大幅度提升，因而培训质量也得到很大的提高，培训效果非常显著。例如新湾成校通过街道教育文化综合体的有效运行，在已有基础上新增培训种类达 30% 以上，成人教育培训参与度提升 20% 以上，并使培训质量在现有基础上有显著提升，为当地农民的技能与素质提升服务。再如西湖区之江社区学院，经过

培训后,农民获得的各类证书数量也有大幅度增加。获得证书说明培训达到了相关部门认可的标准。

表 8-5　之江社区学院 2007—2010 年农民培训获得证书情况统计表

	2007 年	2008 年	2009 年	2010 年
获得证书人数	156	202	432	694
年增长率	/	29.5%	113.9%	60.65%

从上表可以看出,在有效整合现有成人教育资源、挖掘潜在成人教育资源,开展与其他成人教育机构以及外部社会机构、企业合作后,成人教育共同体中的一些成员单位都提高了培训效率,学员在证书通过率上得到了大幅度提高。

（二）促进了成人整体素质的提高

在成人教育共同体构建的两年时间中,随着成人教育资源的广泛共享、共建,资源利用率提高,资源发展不平衡问题得以缓解,成人教育机构的服务能力提升,培训效果凸显,也在很大程度上促进了成人整体素质的提高。不少学员通过成人教育机构的培训重新找到自我,圆了多年的学习梦想,也为自身提升职业能力、改善生活打下基础,创造了条件。

1.成人学历普遍得到提升,劳动技能水平得到提高

成人教育共同体的构建使成人教育发展力量由分散变为集中,成人教育培训的数量以及质量因此也有很大提高。通过这些培训,许多成人的学历得到提升,技能水平有大幅度提高。以多个成人教育共同体成员单位共同参与开展的"双证制"培训为例。从 2009 年 3 月截止到 2010 年 10 月底,杭州市面向城区劳动年龄段常住居民开展以技能证与成人高中学历证的为主的"双证制"教育培训。有 122 家成人教育机构获得了"双证制"学历教育文化课定点机构资格,127 家成人教育机构获得职业技能培训定点机构的资格。全市共有 17.28 万人到定点机构参加技能培训,其中 14.61 万人已取得职业资格证书。另有 5.77 万人先后到市教育局认定的成人教育定点机构参加文化课培训,共有 16.5 万人次先后参加了 6 次大规模文化课考试。详见表 8-6。

表 8-6　杭州市 2009—2010 年成人"双证制"教育毕业人数统计表

年份	文化课考试人次	学分			最终获成人高中学历的人数
		合计	文化考核	技能鉴定	
2009	95000	780000	340000	440000	11000
2010	165000	879360	183200	696160	18320

从表中的数据可以看出,杭州市近两年"双证制"培训人数在快速增长,迄今为止,杭州已有 1.832 万人通过了职业资格证书培训、文化课培训考试,且考核考试学分、总学分都达到"双证制"成人职业高中毕业的规定要求,顺利领取毕业证书,另有 1503 人符合肄业要求,两者相加占了目前杭州 19—59 岁高中以下文凭存量人口的 1% 左右,这也在一定程度上有效促进了杭州市人均受教育年限的提升。

2.四类特殊人群的人力资源得到开发,其生存状态得到改善

在成人教育共同体的构建中,各成人教育机构通力合作,发挥一切力量开展教育培训,特别是针对四类人群,即残疾人、被征地农民、外来务工人员、登记失业人群的培训。根据 2010 年杭州市六城区四类人群教育培训调查发现,有将近 40% 的四类人群进行了职业技能、市民素质、学历补偿等方面的教育和培训,并从中受益。各区四类人群教育培训人数及培训率见表 8-7。

表 8-7　2010 年杭州市六城区四类人群教育培训数量统计表

区	外来务工人员		残疾人		登记失业人群		被征地农民	
	人口总数	参加培训人数	人口总数	参加培训人数	人口总数	参加培训人数	人口总数	参加培训人数
上城区	38000	4533	5821	558	8113	3403	0	0
下城区	177108	184815	6000	14000	27000	69402	1100	2379
江干区	326979	46482	5181	1926	11423	11490	88582	26502
西湖区	85019	3164	15237	525	40121	3132	54975	3540
滨江区	100000	约 1000	1815	0	15680	约 110	18000	约 770
拱墅区	290000	148041	5150	0	17294	16464	0	0
总计	1017106	388035	39204	17009	103951	104001	162657	33194
培训率	38%		43%		59%		20%	

抽样调查显示,近三年来,参加过文化学习、技能培训或者休闲文化类培训的为 972 人,占样本的 59%。这四类人群中的许多人通过参加培训,不仅提高了自身的学历,获得了一技之长,而且提高了自食其力的能力,其生活质量、生活状态有了明显改善。

3.激发了成人的学习欲望,有效增强了成人的学习信心

随着成人教育共同体的构建,成人教育机构具有了更强的教育服务能力及更高的服务质量,这也使成人在学习过程中,学习信心不断增强,学习欲望不断提高。以"双证制"培训为例,在 696 位 18 周岁以上,初中以下学历的学员的调查中,有 521 人认为参加培训可以提高学历,516 人认为培训可以提升个人素质和职业能力,346 人认为培训可以提升家庭学习氛围,结果详见表 8-8 及图 8-1。

表 8-8　参加培训的好处调查

	提高学历	提升个人素质和职业能力	提升家庭学习氛围
选择人数	521	516	346
占比	74.9%	74.1%	49.7%

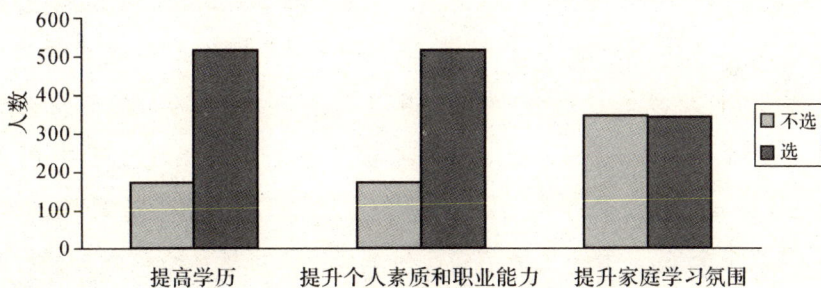

图 8-1　参加"双证制"培训的好处

在调查中,有 67.2% 的培训者认为培训对自己的职业发展有帮助,31.0% 的培训者认为培训对自己的职业发展帮助不大,只有 1.7% 的培训者认为培训对职业发展基本没有帮助(见表 8-9)。

表 8-9　培训对培训者职业发展的帮助

	人数	占比
有帮助	468	67.2%
帮助不大	216	31.0%
基本没有帮助	12	1.7%
合计	696	100.0%

通过调查发现,参加杭州成人培训的将近 80% 的学员是杭州的"新市民",他们大部分从事服务、制造加工、建筑运输等行业,在企业转型的关键时刻,这种培训学习提升了他们的职业竞争力,同时也提升了企业的竞争力,学习者意识到学习培训的重要性,尝到了学习培训的甜头,增强了继续培训学习的信心。

案例 8-4　开个"农家乐"做个"老板娘"

小刘是袁浦东江嘴村的外来媳妇,老家在河南。因为家里弟兄多,自己就只能读到初中,这一直是她心中的一个痛。嫁到杭州后,她更加郁闷,因为她发现自己没有技能,学历又低,很难找到好工作。她一直希望找到再次学习的机会,把一生的遗憾弥补上。听说村里开了成人"双证制"学历教育培训班,她早早就去打听怎么领消费券,怎么报名,怎么上课,怎么考试。当她跟家里人说要报名去参加学习时,家里人很反对,因为这时的她大腹便便,已经怀孕 7 个月,行动不太方便。不过她坚持做老公的思想工作,说希望做个有文化有技能的妈妈,再说她每天去听课,就像在做胎教,老公拗不过她,只能同意了,还帮她做通了家人的工作。小刘想自己开个农家乐做老板娘,于是就选了中式烹饪师,她每天坚持上课,一次也没迟到早退过,越学越有劲。她丈夫每次都护送她到教室门口,放学了再来接她,对幸福生活的追求让他们更恩爱了。小刘说:"在老家我没机会学习,现在赶上了,说什么也不能放弃。等孩子出生后,我不仅可以做个称职妈妈,还可以创业养活自己。"

在调研中我们发现像小刘这样的新市民这样受惠于成人培训教育的学

员还很多,他们通过这样的学习机会圆了心中深埋的学习梦,同时也通过技能培训提升了自己的职业能力,改变了自己的命运,更好地融入到杭州这个大家庭。

4. 提高了农民收入水平

学习培训不仅提升了成人的学历和技能水平,同时也增加了他们的经济收益。以西湖区上泗地区成人教育共同体开展的培训为例,农民学员在培训中的实际收益获得提高,种植、养殖的经济效益逐步提升,农民学员实现了增收的愿望(见表8-10)。

表 8-10　种养殖户 2009—2010 年产值收益对照表

姓　名	时　间	项　目	面积（亩）	亩产（斤）	总产量（斤）	单价（元）	产　值（元）	净收益（元）
孔万高	2009 年	罗氏沼虾	18	500	9000	12	108000	45000
	2010 年	罗氏沼虾	18	550	9900	12	118800	49500
宋广雄	2009 年	茶　叶	3.6	50	180	220	39600	31000
	2010 年	茶　叶	3.6	61	220	250	55000	46400

通过种养殖户技能培训,增加科技含量,提高罗氏沼虾养殖和茶叶炒制技术。在增产的基础上,提高了农产品质量,增加了农户的收益。从表中可以看到,学员孔万高,罗氏沼虾亩产增幅10%,单价不变,产值增幅10%,收益提高10%。学员宋广雄,从事茶叶种植,2009年亩产增幅22%,茶叶单价涨幅13.64%,产值增幅38.89%,收益提高49.70%,如忽略茶叶单价涨幅因素,收益率提高22.20%。上泗地区通过成人教育共同体培训实现了学员增收的梦想,受到了学员的欢迎。

再比如成人"双证制"的培训,许多培训者经过培训后,其月收入水平有显著提高(见表8-11)。

表 8-11   培训者培训前后收入情况表

	Mean	*SD*	*t*
培训前月收入(元/人)	2033.90	1654.60	−15.853***
培训后月收入(元/人)	2318.38	1658.29	

注:*** 表示 $p < 0.001$。

从上表中可看出,培训前,培训者的平均月收入为 2033.90 元/人。培训后,培训者的平均月收入提升为 2318.38 元/人。配对样本 t 检验的结果也表明,培训后,培训者的月收入显著高于培训前的月收入($t = −15.853$, $p < 0.001$),可见,这样的成人教育培训的确为成人增加收入,改善生活,创造更好生活打下了良好基础。

四、获得了显著的社会效益,提升了成人教育的社会影响力

成人教育共同体的构建让成人教育培训的数量和质量都得到有效提升,参加培训的成人增多,获得了显著的社会效益,也使成人教育的社会影响力提升。

(一)凝聚了人心,收到了很好的社会稳定效应

2009 年金融危机带来许多不确定因素,甚至影响到社会的稳定。成人教育共同体建设,使成教资源得到有效的整合,提高了培训的量和质。大量针对弱势群体开展成人教育培训,提高他们的就业能力,是一种可持续的扶贫济困方式,"授之以鱼"不如"授之以渔"。通过再分配手段,熨平社会贫富差距,让人人真正分享改革成果,是创建和谐社会最直接、最有效、最简单、最有力的途径。这不仅惠及市区劳动年龄段内常住居民,也惠及困难企业在职职工以及新杭州人,为社会的稳定和谐发挥了重要作用。例如新湾成校教育文化综合体将新湾地区的教育文化资源进行整合,在促进资源有效利用的同时,最大限度地发挥教育对当地农民基本素质、生活品质提升的作用,提高了农民的幸福指数,有效促进了社会的稳定与和谐。

案例 8-5　不搓麻将学文化

双浦镇东江嘴村自从开办成人“双证制”培训班后，村里上上下下、老老少少、男男女女都在关心、议论着培训、学习的事。村里没有旅馆和招待所，老师住宿成问题，村长华金淦就让出自己家的两间房，无偿给老师住。到了晚上，本是老师备课和休息的时间，但还有学员来到老师住所请教问题。陈大妈、夏大妈等一些年纪大的学员，怕自己体弱多病，文化底子薄，记忆力差，就笨鸟先飞，起早摸黑地复习功课。遇到不懂的问题，常常跑到老师那里请教。有的学员不懂拼音，老师就专门为她们补教拼音；有些学员白天有事请假，就在晚上登门求老师补课。培训班为了让有孩子的妇女能够安心学习，安排了没课的老师和班主任担任临时的保育员，办起了临时“托儿所”。一个月下来，有孩子的学员安心听课，学习有了长进，而培训班里年轻的班主任老师也学会了如何照顾小孩。有付出，就会有收获，学习让整个村庄显得更加和谐，更加具有活力。搓麻将的人少了，看书锻炼身体的人多了。

（二）营造了良好的家庭学习氛围

一天劳累的工作后，依然拿起书本参加学习，这让很多孩子重新审视父母，也让他们感受到今天能够好好学习是一种幸福，要珍惜。还有一些家长因为底子薄，在学习中遇到困难就会向孩子求助，这样的家庭教育反哺也营造了健康向上的家庭学习氛围。一些孩子不仅为自己成为父母的小老师而感到骄傲，还被父母的学习劲头感染，自己在学习上更努力了。在滨江区西兴成校的学员中，有 27 名学员的子女在西兴中学读书。这些学员在学习中遇到困难，总是回家请教自己的孩子。特别是一些文化底子较薄的学员，对数学的一些概念怎么也理解不了，他们的孩子就成了他们的“小先生”，一遍又一遍地教他们的父母，在反哺的过程中，很多孩子从父母的身上学会了珍惜学习的机会，懂得了知识改变命运的意义。

（三）促进了地区特色产业的快速发展

服务地方经济发展是成人教育机构的重大发展使命，这也是成人教育可持续发展的生命力所在。成人教育共同体的构建激发了成人教育机构开展培训的活力,也显著提高了培训的效果,使培训在一定程度上促进了地区产业的发展,提高了社会经济效益以及个人经济效益。例如在西湖区转塘镇、双浦镇的农业经济发展的过程中,面向农民开展的养殖技术培训就有效推动了当地的经济发展。转塘镇依托龙坞茶的金字招牌,依托优质的生态环境,依托特色的山地资源,在近几年已经形成了观光休闲、乡村度假、特色餐饮的产业链。西湖区成人教育异质共同体共同开展的茶叶生产到经营的系列培训,让当地的农民所经营的农家乐收入近千万元。农民培训也从种茶、制茶到休闲农业的经营管理,走出了一条产业推动培训,培训促进产业,产业与培训结合发展的良好模式,这也促进了转塘从龙坞茶到休闲经济的产业升级。而毗邻钱塘江的双浦南部,着力打好"生态牌"、"科技牌"和"安全牌",开展水产标准化养殖技术、大棚蔬菜种植技术"一站式"培训,使绿慧放心菜、周浦甲鱼、袁浦沼虾……这些传统农业成为杭州乃至全国都响当当的品牌。农业技能培训也成为双浦农业品牌与精品成长的重要助推力。

案例 8-6　技术培训为千岛湖有机鱼产业带来生机与活力

有机鱼是淳安千岛湖镇经济发展的支柱产业。千岛湖成人文化技术学校围绕千岛湖有机鱼特色产业的发展,通过培训的开发和实施,形成一条涵盖有机鱼特色产业的多个环节、不同企业共建共享的系统化、规范化的培训链,全面提升从业人员的职业素养和技能水平,提高千岛湖有机鱼产品的品质和市场竞争力,从而使千岛湖有机鱼的育、捕、烹、制几个环节用"大一统"的理念进行统筹管理,有效推动了这一产业的升级发展。以有机鱼产业中的烹饪为例,就由先前的仅仅是"一枝独秀"的鱼味馆,发展壮大出以千岛湖游艇俱乐部为依托的渔人码头店、钓鱼岛店。而与此同时,通过培训,许多产业链上的工人在知识技能方面得到了很大的提升。据统计,2011 年以发展公司为牵头单位,共计有 684 名管理人员和 9419 名普通员工参加了 2011 年相关产业培训,用行动教育人,用文化培育人,要形成人人讲细节、求发展的良好氛围是产业培训的重要目标之一。产业工人的技术能力与综合素质的提升为有机鱼产业走上规范化、标准化生产道路注入了巨大的推动力。

同时也促进了有机鱼生产企业的快速发展。

事实上,类似的例子还有很多。通过这些例子可以看出,成人教育共同体的构建是成人教育自身的力量以及社会力量的聚合,这种聚合带来的不仅仅是成人教育资源通过整合与共享实现的资源匮乏、资源发展不均衡等问题的解决,从长远来看,它更对成人自身素质的促进、经济的发展、产业的升级转型、社会的和谐与稳定都发挥着重要的作用。

第二节　成人教育共同体建设的展望

成人教育共同体的构建是对传统成人教育发展模式的一种改革,需要时间与实践来检验,也需要我们不断地总结与反思。经过三年的实践研究,我们欣喜地看到成人教育共同体这种发展模式已取得显著成效。作为一种成人教育发展的新模式,成人教育共同体为成人教育的发展创新了思路,丰富了成人教育的理论与实践,而这样一种新模式、新实践在未来如何进一步发展,如何有更多的突破与开拓,这是一个值得我们憧憬且共同思考的问题。

一、契约和契约精神推动成人教育共同体的可持续发展

成人教育共同体本质上都是利益共同体。共享利益,实现双赢才是推动成人教育共同体的内部关系、外部关系可持续发展的驱动力。在实践中,始终秉承利益共享的原则,在符合各类关系的共同价值观,确保共同利益,自觉自愿的基础上,建立成人教育发展的共同愿景或者共同利益,并自始至终遵循"合作分享,共同发展"的宗旨,才能真正打破各自为政、自成一体的发展格局,让所有成员之间互相依赖、共同探究、彼此协作、平等对话,才能活化、整合校际间的优质教育资源,形成一个合作、互动、分享的协作组织、互学互助组织、教育发展组织,真正实现教学理念共享、资源共享、管理共享、成果共享,从而达到成人教育的均衡、持续、高效发展。因此,成人教育

共同体内部共同建立的相关制度,应成为保障成员长久合作、持续合作的基础,以规范的工作条例、指导意见和相应的激励机制等来更好地引导成人教育共同体向制度化、规范化迈进,让每一类成人教育共同体的组织架构、运作机制、合作分享机制、项目推动与研发机制以及评价机制不断完善,用明确的活动章程、共享与合作的协议来规定双方协作、分享、共建的内容,而不是仅凭成员之间的口头协议,这样才能避免因共同体中成员单位主要负责人的人事更替而使之前的合作关系以及共同体解体,从而保证成人教育共同体的持续、稳定的运作,实现长效性。

二、行政推动将为成人教育共同体发展的重要力量

目前,杭州市成人教育共同体是以一种民间组织的形式存在,成员单位之间的合作与共建涉及课程、师资、信息、基地等诸多内容。随着未来成人教育共同体内部各种关系的不断发展,成员之间的合作项目也将更加丰富。在未来实践中,吸收更多力量参与到成人教育共同体中来,实现来源的多元化,浸润社会的各个层面,对成人教育共同体的发展来说,意义重大,尤其是行政力量的加入。在两年的构建实践中,我们感觉到,局部小范围的合作与共建较为容易实现,当共建、共享范围扩大时,特别是在全市范围进行共建共享时,推动力度、难度明显增加。尤其在一些大型项目的共建与共享上,需要跨部门整合资源才能够实现,甚至需要联手行业协会、科技园区、农技站等多个部门、组织,资源整合的跨越幅度将会增大,资源整合的难度也必将增大。这也说明,仅仅凭借民间组织的力量来发展成人教育共同体,或者说,仅仅依靠成人教育共同体的内部合力来推动共同体,是远远不够的,虽然这种方式可以在短期内缓解成人教育在发展上存在的资源短缺等不足,但从长远来看,行政力量的推动不可或缺。在今后的成人教育共同体的进一步发展中,将教育部门、政府部门纳入成人教育共同体中,使其成为共同体中的一部分,通过行政力量的推动来实现更多项目的合作、合建,形成行政推动与民间行动相结合的模式,使行政力量、社会力量、成人教育机构的力量共同结合而成的各类成人教育共同体在共同的教育理想和价值追求

下,在清晰的目标引领和组织架构下运行,这也将是今后丰富成人教育共同体成员组合结构的一个新思路。

三、为成人教育共同体持续运作和快速发展提供经费保障

成人教育是整个教育体系中不可缺少的一部分,其发展对我国当前和未来经济具有重要意义。经费是保证成人教育顺利发展的基础和前提。由于当前各级政府投入成人教育的经费有限,成人教育资源匮乏,发展不均衡,这也促成了成人教育共同体的诞生。在实践过程中,杭州市成人教育共同体的运作经费大多为各子共同体自行筹集,如课程的开发,教材的编写与出版,教师的聘请,等等。然而经费筹集的数量有限,途径单一,以致成人教育共同体在许多具体项目的运作过程中会出现合作不稳定,中途放弃合作等现象。在未来成人教育共同体的进一步完善过程中,探索多样化的经费筹措渠道,拓宽运作经费的来源,依靠各方面的积极努力,发挥市场机制作用,摸索并建立一套成人教育共同体的投资体制和筹资机制,形成政府财政支持、地方和企业合作投入、社会团体集资、成人教育机构自筹等多渠道的筹资方式,将保障成人教育共同体的长久、稳定运作,保证资源的合建、共享有坚实的经济基础。

四、共享理念在成人教育领域得到更广泛的传播

成人教育共同体的构建是成人教育研究的具体化和行动化、现实化,它的形成体现出鲜明的"破壁"功能,即打通了成人教育机构之间、成人教育机构与外部社会力量之间的行业界限、机构界限,使合作双方分享了优质的教育资源,交流了成人教育发展的相关理念与经验。因此,成人教育共同体不是形式与表面的结合,而是一种实质性的融合,在成人教育共同体今后的建设中,战略联盟、利益共享的共赢理念将更为强化。战略联盟的理想状态在于各成员间彼此将合作方纳入自身发展战略规划之中,并成为支持、促进自身发展不可或缺的环节,也就是说,促进合作方之间形成相互依存、相互促进和共同发展的有机体。在这个有机体内,单一合作方仍然是完全的独立

体,合作方之间建立多方位、多层次和立体化的联结沟通机制,形成具有合力效应的联合体,通过发挥合力效应,各合作方获得更大收益。这是成人教育共同体发展、壮大的基础。与此同时,凡是参与成人教育共同体的成员单位,都应当能够在成人教育共同体的运行过程中获得自己的收益,这种收益既可以是经济利益的,也可是社会效益的。没有共享就没有共建,在组建协同网络的过程中,以利益共享为出发点,扩大成人教育共同体成员的数量,找到那些可以通过参加成人教育共同体而获益的单位、组织、部门以及个人,吸纳区域内外一切可以利用的力量和资源,才会不断提高共享的范围、共享的质量和效率。

五、以云教育为特征的虚拟成人教育共同体将得到更好的发展

在当今时代,网络技术、信息技术高速发展,网络迅速普及。利用网络平台开展和实施教育,已成为教育发展的一大趋势。在成人教育共同体的建设初期,实体的构建非常重要。但随着共建、共享资源内容的丰富、范围的拓展,搭建一个更为广阔的信息资源平台是必然要求。网络,则是实现这一要求的最好途径。因此,在未来成人教育共同体将实现实体、网络的共同架构,同时推进与双向发展,在进一步完善实体型的成人教育共同体的同时,也推动成人教育共同体在网络层面上的发展。架构一种云教育式的虚拟共同体将成为今后成人教育共同体发展的新思路。云教育是利用网络这一平台来实现教育领域中融教学、管理、学习、交流于一体的"一站式"教育信息化服务。而这种方式能打破传统的教育信息化边界,使教育部门、成人教育机构、成人教育工作者、成人等不同身份的人群在同一个网络平台上,利用自己的权限享受到海量的教育信息资源及更加灵活方便、不受时空限制的信息化服务,并无任何障碍地进行在线交流。这种以云教育为特点的虚拟的成人教育共同体将突破地域限制,以其超大规模、虚拟化、高可靠性、通用性、高可扩展性、按需服务、使用成本低等诸多特性,在网络上形成一个强大的、高度开放的信息交流、资源共享的电子服务中心以及超级教育资源库,不仅所有成人教育共同体的成员单位的资源都可以共享,由于云教育所

提供的一切服务对用户端的设备要求很低,不同区域之间,特别是落后地区,即使使用低端的或陈旧的计算机也能与发达地区的成人教育机构形成对接,实现资源对等,这将极大地节约计算机硬件购买和维护成本。不仅如此,成人教育共同体成员还可免费在云教育平台上快速建设信息化中心,从而避免了以往在人力、物力、财力上投入,且功能更强大,而这一平台则同时可为成人教育共同体的所有成员提供海量的存储信息,并保存成员的所有信息与资源。

未来云教育式的虚拟共同体将成为成人教育共同体在网络层面上的一种扩散和发展的形式,也是成人教育共同体纵深发展、深入发展的体现。积极运用网络平台,将提升成人教育共同体的信息化共享的水平,加快成人教育建设步伐,把成人教育机构、行政部门、科研机构、企业、成人聚集到网络中,使致力于成人教育、需要成人教育、得益于成人教育的每个人、每一个机构都能在不受时间和空间限制的情况下获取成人教育相关的信息,真正开创资源高度共享、学习高度便利、信息全面开放的成人教育新局面。

六、将有更多更好的成人教育共同体在成人教育领域内建成

成人教育共同体是一种全新的成人教育发展模式,在杭州市构建成人教育共同体的三年实践中,这种发展模式以合建共享的理念为基础,活化了资源,有效地提高了全市成人教育资源的利用率,促进了资源的均衡发展,弥补了成人教育在经费、设施设备、场地、师资等方面的量的不足,也使优质的成人教育资源得到充分的流动,大大提高了成人教育的培训效率。当前,在成人教育共同体这种新型发展模式初现成效的同时,仍有一些问题需要后续深入的研究与探索,如在现有成人教育共同体建设的基础上,如何更好地推进共同体的有序、高效、自运行,以怎样的方式促进成员由共同体的制度约束转变为自身内源性动力,如何引导共同体成员单位在双赢甚至多赢的基础上,更好地实现"开放与分享",等等。这些在实践中衍生出的新思考,需要边实践边探索。但是,这丝毫不影响成人教育共同体作为一种前所未有的发展理念与发展模式的独特意义。实践证明,杭州成人教育共同体

的构建不仅有力应对了当前成人教育发展的现状诉求,也有效缓解了成人教育发展过程中存在的资源问题,是对传统的成人教育发展模式的开拓性的创新,也是一种符合成人教育发展规律的发展模式,它不仅适宜于杭州,也同样适宜于其他地区、其他城市。它是一种值得借鉴和推广的创新性发展模式,具有强大的生命力和可拓展性。其价值不仅仅在于追寻当代背景下特定区域内成人教育发展的规律,更主要的在于探索常态情境下,通过成人教育共同体的组织和实践,形成跨区域的成人教育均衡、协调、优质发展的基本范式和普遍规律,并以此为辐射,达到更大区域范围的成人教育结构的优化和教育质量的提升。在未来,随着这种模式的不断发展、研究、推广,不仅全杭州市内部的成人教育资源有更进一步、更深入的合建与共享,同时,这种共同体的形式也将打破更多的地域限制,走出杭州,延伸到城市与城市之间、省与省之间,甚至在全国范围内形成成人教育共同体,而成人教育共同体的广泛构建也将为成人教育的发展打开新的局面。

参考文献

论文

[1] 陈加洲,凌文辁,方俐洛.组织中的心理契约[J].管理科学学报,2001,(2).

[2] 郝贵生.对"学习"本质的哲学思考[J].河南科技大学学报(社会科学版),2004,(3).

[3] 洪蓉.教师学习共同体与教师专业发展[J].现代教育科学.2007,(5).

[4] 黄健.成人教育应从教育发展战略的边缘走向中心[J].教育发展研究,2009,(9).

[5] 蓝建.非正规教育:未完成的使命和面临的挑战[J].成人教育,2007,(10).

[6] 李祖超.关于多渠道筹措教育经费的分析与思考.教育理论与实践,1997,(6).

[7] 刘奉越.基于成人经验学习的成人教师角色定位[J].教育学术月刊,2010,(10).

[8] 彭红光.基于区域云的教育信息资源配置初探[J].中国教育信息化(基础教育),2011,(16).

[9] 万利平,陈燕.云计算在教育信息化中的应用探究[J].中国教育信息化(高教职教),2009,(9).

[10] 汪国新.基于"社区学习共同体"的学习——一种新的成人学习方式[J].中国成人教育,2010,(12).

[11] 汪国新.社区教育共同体建设与运行[J].中国成人教育,2012,(01).

[12] 王国光.新生代农民工项目学习研究[J].河北大学成人教育学院学报,

2012,(02).

[13] 王容婧.云计算时代的教育信息资源建设[J].软件导刊·教育技术,
  2009,(8).

[14] 王艳双.库伯的经验学习理论述评[J].经营管理者,2010,(6).

[15] 王祥健、李辛、吴先容.当前山区教育面临的困境与对策[J].现代教育
  科学,2011,(6).

[16] 吴世珍.成人教育经费的来源及其管理[J].开封教育学院学报,2001,(3).

[17] 鄢凤明.我国成人教育的现实问题与发展对策刍议[J].中国成人教育,
  2009,(22).

[18] 杨炎轩.从教研组到教师团队:组织结构理论的视角[J].教育发展研
  究,2009,(8).

[19] 姚远峰.成人学习动力探源[J].西北成人教育学报,2001,(2).

[20] 尤殿龙、申利民、欧新菊.弹性学习的内涵、框架和应用研究[J]电化教
  育研究,2010,(9).

[21] 张洪武.契约对非营利共同体的建构作用[J].理论研究,2012,(3).

[22] 张曙光,戴茂堂.价值的存在论研究[J].北京师范大学学报(社会科学
  版),2006,(5).

专著

[23] [德]斐迪南·滕尼斯.共同体与社会[M].北京:商务印书馆,1999.

[24] [美]埃德加·斯诺.西行漫记[M].董乐山译.北京:生活·读书·新知
  三联书店,1979.

[25] [美]房龙.宽容[M].北京:光明日报出版社,2006.

[26] [美]菲利普·库姆斯.世界教育危机[M].北京:人民教育出版
  社,2001.

[27] [美]切斯特·巴纳德.经理人员的职能[M].北京:中国社会科学出版
  社,1997.

[28] [美]约翰·杜威.民主主义与教育[M].北京:人民教育出版社,2001.

[29] [英]安东尼·吉登斯.社会学(第四版)[M].北京:北京大学出版社,2003.

[30] [英]齐格蒙特·鲍曼.共同体[M].南京:江苏人民出版社,2003.

[31] [英]斯宾塞.教育论[A].张焕庭.西方资产阶级教育论著选[C].北京:人民教育出版社,1987.

[32] 毕淑芝,司荫贞.比较成人教育[M].北京:北京师范大学出版社,1994.

[33] 陈鸣,朱自锋.中国教育经费论纲[M].北京:中央编译出版社,2008.

[34] 杜以德,姚远峰,李醒东.成人教育发展纵论[M].北京:中国人民大学出版社,2007.

[35] 国家教育发展研究中心.2008年中国教育绿皮书——中国教育政策年度报告[M].北京:教育科学出版社,2008.

[36] 经济与发展合作组织.教育政策分析2001[M].北京:教育科学出版社,2003.

[37] 李顺德.价值论[M].北京:中国人民大学出版社,1987.

[38] 丽玉.杭州蓝皮书:2008年杭州发展报告(社会卷)[R].杭州:杭州出版社,2008:93—105.

[39] 联合国教科文组织国际教育发展委员会.学会生存——教育世界的今天和明天[M].北京:教育科学出版社,1996.

[40] 联合国教科文组织终身学习研究所.成人学习和教育全球报告[M].北京:教育科学出版社,2012.

[41] 林玉体.西方教育思想史[M].北京:九州出版社,2006.

[42] 吴志宏.教育行政学[M].北京:人民教育出版社,2000.

[43] 吴遵民.现代中国终身教育论——中国终身教育思想及其政策的形成和展开[M].上海:上海教育出版社,2003.

[44] 叶忠海.成人教育学通论[M].上海:上海科技教育出版社,1997.

[45] 于显洋.组织社会学[M].北京:中国人民大学出版社,2009.

[46] 张寿松.大学通识教育课程论稿[M].北京:北京大学出版社,2005.

[47] 筑波大学教育学研究会.现代教育学基础[M].上海:上海教育出版社,2003.

索　引

索
引

索
引

致　谢

致力于先进理念在现实生活中的应用,是我长期以来的梦想;尽最大努力做好自己该做和能做的事,是我一直坚持的准则。

教育发展的进程,必须跟上时代的步伐。今天的成人教育,是基于现代社会背景下的成人教育,要实现成人教育的科学发展,就必须以现代社会的核心理念为指导,探索出符合时代特征和本土实际的发展之路。

在我看来,"开放与共享"是现代社会区别于传统社会的重要特征。解决今天成人教育发展中的突出问题,即日益增长的成人学习需求与有限的成人学习服务能力之间的矛盾,可以应用"开放与共享"理念,积极探索科学发展成人教育的光明正道。基于此,我们申报了全国教育科学"十一五"规划教育部重点课题"教育共同体建设研究——以杭州为例"并获立项。

本课题集实践探索与理论研究于一体,极具实践性和开拓性。承担这样的课题,是迎接挑战。杭州市成人教育研究室,作为目前国内副省级城市中最大的成人教育研究专门机构,我们应该自加压力,以高度的责任心和求真务实的探索精神,承担具有较强推广应用价值的研究课题,为成人教育事业的发展较好地发挥先导作用。

而这一路,正是因为有太多人的大力支持和帮助,才使得该课题能顺利进行并有阶段性成果付梓。

感谢教育行政部门领导的鼓励鞭策。早在 2008 年,杭州市教育局暑期领导干部学习会期间,时任市教育局党委书记、局长的徐一超同志就指出这项研究很有必要;教育部职成司刘建同副司长明确要求课题组扎实工作打造精品;浙江省教育厅鲍学军副厅长不仅在课题开题会上发表真知灼见,还多次参加课题现场推进会并提出针对性很强的意见；杭州市教育局肖锋副局长心系课题进展并大力推广课题阶段性成果；市教育局高宁处长和吴作为处长对课题的开展提出很好的建议并给予大力支持。

感谢各方面专家为课题所提供的智力支撑。浙江省教育科学研究院职成教研究所程江平所长、浙江大学教育学院教育系吴雪萍主任、杭州市教育科学研究所施光明所长、杭师大心理系朱晓斌主任为课题的开展提出了许多宝贵意见。杭师大刘堤仿教授多次参与书稿的研讨，其建设性意见对书稿的完善起到很好的作用。特别要感谢浙江省教育科学研究院方展画院长，在课题研究之初，就欣然同意作为本课题指导专家的请求；在课题进行之中，对课题组全体成员进行专题培训，并多次参加课题研讨会；在拙作《资源的合建与共享——成人教育共同体建设研究》出版前，又欣然为本书作序。

感谢课题组成员单位的积极配合。西湖之江社区学院、桐庐职成教中心、富阳市富春成校、萧山区新湾成校、淳安汾口成校、余杭区瓶窑成校、萧山区宁围成校、临安市於潜成校、滨江区长河成校、上城区社区学院、下城区社区学院、西湖区社区学院、拱墅区社区学院、西湖风景名胜区社区学院等基层单位均在课题开展过程中孜孜以求、辛勤付出。

感谢大气厚重的浙江大学出版社对该书的精心打造。正是沥注心血的书稿与行事高效且底蕴深厚的出版机构的完美邂逅，才使得这项研究成果得以付梓流传。

我还要特别感谢我的诸位同事为此付出的一切。张灵仙老师为课题的开展做了许多有益的工作；沈仁红老师为书稿的出版事宜劳神奔波；充满活力的孙艳雷、李品、徐喆、曲连冰等年轻研究人员，不仅参与了课题研究的全过程，还为本书的出版做了大量的基础工作和辅助工作。

当然，最应该感谢的还是翻阅本书的每一位朋友。成人教育是志同道合者的朝阳事业，当这一刻您看到此处，定是我们上下求索的道逢知己。世间唯有知音难觅，如果因为本书的出版，我们又多了您这样一位志同道合的朋友，我们将感到这一程的心血没有白费，将会从心底里甚感慰藉。

汪国新

2013 年 3 月 9 日

致
谢

图书在版编目（CIP）数据

资源的合建与共享：成人教育共同体建设研究 / 汪国新著.
—杭州：浙江大学出版社，2013.3（2015.5 重印）
ISBN 978-7-308-11050-1

Ⅰ.①资… Ⅱ.①汪… Ⅲ.①成人教育－研究－中国
Ⅳ.①G729.2

中国版本图书馆 CIP 数据核字（2013）第 014632 号

资源的合建与共享

成人教育共同体建设研究

汪国新　著

责任编辑	杨利军	
封面设计	十木米	
出版发行	浙江大学出版社	
	（杭州市天目山路 148 号　邮政编码 310007）	
	（网址：http://www.zjupress.com）	
排　　版	杭州中大图文设计有限公司	
印　　刷	浙江省良渚印刷厂	
开　　本	710mm×1000mm　1/16	
印　　张	14.25	
字　　数	204 千	
版 印 次	2013 年 3 月第 1 版　2015 年 5 月第 3 次印刷	
书　　号	ISBN 978-7-308-11050-1	
定　　价	32.00 元	